Titelrezept

Fruchtige Knuspertaler

Für den Knetteig:
125 g Butter
125 g Zucker
1 Pck. Dr. Oetker Vanillin-Zucker
1 Ei (Größe M)
200 g Weizenmehl
50 g Speisestärke
1 gestr. TL Dr. Oetker Backin
100 ml Milch
50 g klein geschnittene Belegkirschen
50–75 g Zucker

Zubereitungszeit: 40 Minuten, ohne Kühlzeit
Backzeit: etwa 12 Minuten je Backblech

Insgesamt:
E: 31 g, F: 115 g, Kh: 422 g, kJ: 12063, kcal: 2884

***Haltbarkeit:** 3–4 Wochen in gut schließenden Dosen*

1 Für den Teig Butter in einer Rührschüssel mit Handrührgerät mit Rührbesen geschmeidig rühren. Nach und nach Zucker und Vanillin-Zucker unterrühren. So lange rühren, bis eine gebundene Masse entstanden ist. Ei in etwa ½ Minute unterrühren.

2 Mehl mit Speisestärke und Backin mischen, sieben, die Hälfte davon auf mittlerer Stufe unterrühren. Restliches Mehlgemisch auf einer bemehlten Arbeitsfläche unterarbeiten. Den Teig zu Rollen (Ø etwa 2 ½ cm) formen und einige Stunden oder über Nacht kalt stellen.

3 Die Teigrollen in gut ½ cm dicke Scheiben schneiden, auf Backbleche (mit Backpapier belegt) legen und mit Milch bestreichen. Kekse mit Belegkirschenstückchen belegen und mit Zucker bestreuen. Die Backbleche nacheinander (bei Heißluft zusammen) in den Backofen schieben.

Ober-/Unterhitze: 180–200 °C (vorgeheizt)
Heißluft: 160–180 °C (vorgeheizt)
Gas: etwa Stufe 3 (vorgeheizt)
Backzeit: etwa 12 Minuten je Backblech.

4 Die Knuspertaler mit dem Backpapier von den Backblechen auf Kuchenroste ziehen. Knuspertaler erkalten lassen.

Das dritte Titelrezept befindet sich auf der inneren Umschlagseite hinten.

Dr. Oetker

Rollenkekse

Dr. Oetker

Rollenkekse

Dr. Oetker Verlag

Vorwort

Lieben Sie auch geschmackvolle Kekse zu Kaffee, Tee oder Schokolade? Haben Sie keine Lust, viel Geld beim Bäcker oder Konditor auszugeben? Und keinen Spaß an Einheitskeksen aus der Fabrik? Sind Sie der Kinderzeit entwachsen und haben keinen Spaß mehr am langwierigen Ausrollen und Ausstechen von Gebäck?

Dann sind Sie hier richtig! Sie bereiten einen unkomplizierten Teig zu, formen eine Rolle und legen diese für eine Zeit in den Kühlschrank, bis sie gut durchgekühlt und fest ist. Dann schneiden Sie die Rolle mit dem Messer oder der Aufschnittmaschine in Scheiben, legen die Kekse auf ein Backblech und dann ab in den Backofen. Bald durchzieht Gebäckduft die Wohnung.

Wenn Sie dann noch Lust haben, können Sie die Kekse noch mit einem Guss überziehen und für besondere Anlässe auch einmal lecker füllen. Wenn Sie der runden Scheiben überdrüssig sind, formen Sie quadratische, rechteckige oder dreieckige Stangen und backen Sie diese Scheiben. So haben Sie immer leckeres Gebäck zum Kaffee und zum Tee.

Kapitelübersicht

Gewürzkekse

Seite 10–19

Kekse mit Frucht

Seite 20–33

Klassiker

Seite 34–45

Kapitelübersicht

Kekse mit Kakao & Schokolade

Seite 46–53

Kekse mit Nüssen & Mandeln

Seite 54–73

Spezialitäten

Seite 74–93

Einführung

Hinweise zu den Rezepten

Lesen Sie bitte vor der Zubereitung – besser noch vor dem Einkaufen – das Rezept einmal vollständig durch. Oft werden Arbeitsabläufe oder -zusammenhänge dann klarer.
Die in den Rezepten angegebenen Backtemperaturen und -zeiten sind Richtwerte, die je nach individueller Hitzeleistung des Backofens über- oder unterschritten werden können. Bitte beachten Sie deshalb bei der Einstellung des Backofens die Gebrauchsanweisung des Herstellers und machen Sie nach Beendigung der Backzeit eine Garprobe.

Zubereitungszeiten

Die Zubereitungszeit beinhaltet nur die Zeit für die eigentliche Zubereitung, die Backzeiten sind gesondert ausgewiesen. Längere Wartezeiten, z. B. Kühl- und Auftauzeiten, sind nicht mit einbezogen.

Backbleche

Zur Grundausstattung des Backofens gehören auch 1 bis 2 Backbleche, sie werden bei der Anschaffung des Backofens mitgeliefert. Bei den Blechen handelt es sich um Emailleblech, Schwarzbleche oder Aluminiumbleche. Am besten sind Emaille- oder Schwarzbleche. Es lohnt sich, diese nachträglich anzuschaffen. Wenn es möglich ist, sollte man die Bleche direkt nach dem Backen, sozusagen noch warm abwaschen und dann im noch warmen Backofen nachtrocknen.

Einschubhöhe

Kekse werden im Allgemeinen (bei Ober- und Unterhitze) in die Mitte des Backofens geschoben (soweit im Rezept nicht anders angegeben). Maßgebend sind jedoch die Ausführungen und Anweisungen der Backofen-Hersteller.

Backtemperatur

Die richtig eingestellte Backtemperatur ist ebenso wichtig wie die Zubereitung der Kekse. Die unter den Rezepten angegebenen Backzeiten können je nach Gerät länger oder kürzer sein. Es ist deshalb erforderlich, die Anleitungen der Hersteller, die den Backöfen beiliegen, genau zu beachten. Die Kekse sollten besonders gegen Ende der Backzeit genau beobachtet werden. Mit einer Garprobe kann geprüft werden, ob das Gebäck durchgebacken ist.

Mehrere Partien Kekse backen

Ist nur ein Backblech vorhanden, soll aber eine größere Anzahl Plätzchen gebacken werden, kann man sich folgendermaßen behelfen: Mehrere Backpapierstücke in Größe des Backblechs zuschneiden und mit den von der Rolle geschnittenen Teigscheiben belegen. Die Papierbögen mit den Scheiben an der flachen Seite auf das Backblech ziehen. Die Scheiben können so vorbereitet werden, verrutschen nicht und können nacheinander gebacken werden.

Garprobe

Kekse sind gar, wenn die Oberfläche gelblich bis leicht braun ist.

Kekse aufbewahren

Alle vom Backblech genommenen Kekse müssen auf dem Kuchenrost gut auskühlen. Erst wenn sie völlig erkaltet sind, können sie zum Aufbewahren verpackt werden. Kekse müssen kühl und trocken aufbewahrt werden.
Kekse, die knusprig bleiben sollen, werden in gut schließende Dosen gelegt. Kekse, die weich werden sollen, bleiben an der Luft stehen, bis sie die gewünschte Beschaffenheit erreicht haben. Erst dann werden sie in Dosen mit lose aufgelegten Deckeln gelegt.

Es können mehrere Sorten Gebäck gleicher Art in einer Dose aufbewahrt werden, zweckmäßigerweise jeweils durch eine Lage Pergament- oder Backpapier getrennt. Stark gewürzte Kekse sollten jedoch separat verpackt werden.

Alle Rezepte sind von Dr. Oetker wie immer nachgebacken und so beschrieben, dass sie Ihnen garantiert gelingen.

Abkürzungen

EL = Esslöffel
TL = Teelöffel
Msp. = Messerspitze
Pck. = Packung/Päckchen
g = Gramm
kg = Kilogramm
ml = Milliliter
l = Liter
Min. = Minuten
Std. = Stunden
evtl. = eventuell
geh. = gehäuft
gestr. = gestrichen
TK = Tiefkühlprodukt
°C = Grad Celsius
Ø = Durchmesser
E = Eiweiß
F = Fett
Kh = Kohlenhydrate
kcal = Kilokalorien
kJ = Kilojoule

Gewürzkekse

Gewürzt schmecken die Kekse von der Rolle noch besse

Mandel-Gewürz-Plätzchen

etwa 60 Stück

Für den Knetteig:
280 g Weizenmehl
140 g Zucker
1 Pck. Dr. Oetker Vanillin-Zucker
je 1 Msp. Nelken und Zimt, gemahlen
220 g Butter oder Margarine
170 g abgezogene, gemahlene Mandeln

Zum Bestreichen:
3 EL Johannisbeergelee

Für den Guss:
150 g Halbbitter-Kuvertüre
1 TL Speiseöl

Zum Garnieren:
30 g abgezogene, ganze Mandeln

Zubereitungszeit: 60 Minuten, ohne Kühlzeit
Backzeit: 12–15 Minuten je Backblech

Insgesamt:
E: 64 g, F: 278 g, Kh: 400 g, kJ: 18167, kcal: 4338

***Haltbarkeit:** 3–4 Wochen in gut schließenden Dosen*

1 Für den Teig Mehl in eine Rührschüssel sieben. Zucker, Vanillin-Zucker, Nelken, Zimt und Butter oder Margarine hinzufügen. Die Zutaten mit Handrührgerät mit Rührbesen zunächst kurz auf niedrigster, dann auf höchster Stufe gut durcharbeiten, Mandeln unterarbeiten.

2 Anschließend auf einer bemehlten Arbeitsfläche zu einem glatten Teig verkneten, zu Rollen (Ø etwa 3 cm) formen, in Frischhaltefolie gewickelt einige Stunden oder über Nacht kalt stellen.

3 Teigrollen in etwa ½ cm dicke Scheiben schneiden und auf Backbleche (gefettet, mit Backpapier belegt) legen. Die Backbleche nacheinander (bei Heißluft zusammen) in den Backofen schieben.

Ober-/Unterhitze: etwa 180 °C (vorgeheizt)
Heißluft: etwa 160 °C (vorgeheizt)
Gas: Stufe 2–3 (vorgeheizt)
Backzeit: 12–15 Minuten je Backblech.

4 Die Plätzchen mit dem Backpapier von den Backblechen auf Kuchenroste ziehen. Plätzchen erkalten lassen.

5 Zum Bestreichen Gelee glatt rühren. Die Hälfte der Plätzchen auf der Unterseite mit dem Gelee bestreichen. Die restlichen Plätzchen jeweils mit der Unterseite darauf legen und gut andrücken.

6 Für den Guss Kuvertüre in kleine Stücke hacken, mit Speiseöl in einem kleinen Topf im Wasserbad bei schwacher Hitze schmelzen. Die Plätzchen je zur Hälfte hineintauchen und auf Backpapier legen. Jeweils eine Mandel darauf legen. Guss fest werden lassen.

Mandel-Zimt-Blätter

etwa 90 Stück

Zum Vorbereiten:
100 g abgezogene, gehobelte Mandeln

Für den Knetteig:
220 g Weizenmehl
20 g Speisestärke
100 g Zucker
1 Pck. Dr. Oetker Vanillin-Zucker
2 gestr. TL gemahlener Zimt
1 Prise Salz
1 Ei (Größe M)
150 g Butter oder Margarine

2 EL Zimtzucker

Zubereitungszeit: 45 Minuten, ohne Kühlzeit
Backzeit: 10–15 Minuten je Backblech

Insgesamt:
E: 51 g, F: 187 g, Kh: 324 g, kJ: 13298, kcal: 3175

***Haltbarkeit:** 3–4 Wochen in gut schließenden Dosen*

1 Zum Vorbereiten Mandeln in einer Pfanne ohne Fett goldbraun rösten, herausnehmen und auf einem Teller erkalten lassen.

2 Für den Teig Mehl mit Speisestärke mischen und in eine Rührschüssel sieben. Zucker, Vanillin-Zucker, Zimt, Salz, Ei und Butter oder Margarine hinzufügen. Die Zutaten mit Handrührgerät mit Knethaken zunächst kurz auf niedrigster, dann auf höchster Stufe gut durcharbeiten.

3 Anschließend auf einer leicht bemehlten Arbeitsfläche zu einem glatten Teig verkneten, Mandeln unterkneten. Aus dem Teig zwei Rollen (Länge je etwa 20 cm) formen. Die Teigrollen in Frischhaltefolie gewickelt etwa 30 Minuten im Gefrierfach anfrieren lassen.

4 Die Teigrollen mit Wasser bestreichen und in Zimtzucker wälzen, Zimtzucker andrücken. Die Teigrollen mit einem Sägemesser in etwa ½ cm dicke Scheiben schneiden. Dabei die Rollen immer wieder drehen, damit die Scheiben gleichmäßig abgeschnitten werden. Die Teigscheiben auf Backbleche (mit Backpapier belegt) legen.

5 Die Backbleche nacheinander (bei Heißluft zusammen) in den Backofen schieben.

Ober-/Unterhitze: etwa 180 °C (vorgeheizt)
Heißluft: etwa 160 °C (vorgeheizt)
Gas: Stufe 2–3 (vorgeheizt)
Backzeit: 10–15 Minuten je Backblech.

6 Die Backbleche auf Kuchenroste stellen. Das Gebäck etwa 5 Minuten auf den Backblechen abkühlen lassen.

7 Dann das Gebäck mit dem Backpapier von den Backblechen auf Kuchenroste ziehen. Gebäck erkalten lassen.

Schoko-Ingwer-Ecken

etwa 100 Stück

Für den Knetteig:
70 g kandierter Ingwer
200 g Weizenmehl
50 g Speisestärke
20 g Kakaopulver
120 g Zucker
1 Pck. Dr. Oetker Vanillin-Zucker
1 Prise Salz
1 Ei (Größe M)
150 g Butter oder Margarine
2 EL kaltes Wasser

Zum Verzieren:
1 Pck. (70 g) weiße Schokoladenglasur

Zubereitungszeit: etwa 60 Minuten, ohne Kühl- und Trockenzeit
Backzeit: 10–15 Minuten je Backblech

Insgesamt:
E: 38 g, F: 159 g, Kh: 410 g, kJ: 13501, kcal: 3224

***Haltbarkeit:** 3–4 Wochen in gut schließenden Dosen*

1 Für den Teig Ingwer sehr fein hacken. Mehl mit Speisestärke und Kakao mischen, in eine Rührschüssel sieben. Zucker, Vanillin-Zucker, Salz, Ei, Butter oder Margarine, Wasser und die Ingwerstückchen hinzufügen. Die Zutaten mit Handrührgerät mit Knethaken zunächst kurz auf niedrigster, dann auf höchster Stufe gut durcharbeiten.

2 Anschließend auf einer leicht bemehlten Arbeitsfläche zu einem glatten Teig verkneten. Aus dem Teig zwei dreieckige Stangen (4,5 x 4,5 x 4,5 cm, Länge etwa 25 cm) formen. Die Teigstangen in Frischhaltefolie gewickelt im Gefrierfach etwa 30 Minuten anfrieren lassen.

3 Die Teigstangen mit einem Sägemesser in etwa 4 mm dicke Scheiben schneiden. Dabei die Stangen immer wieder drehen, damit die Scheiben gleichmäßig abgeschnitten werden. Die Teigscheiben auf Backbleche (mit Backpapier belegt) legen.

4 Die Backbleche nacheinander (bei Heißluft zusammen) in den Backofen schieben.

Ober-/Unterhitze: etwa 180 °C (vorgeheizt)
Heißluft: etwa 160 °C (vorgeheizt)
Gas: Stufe 2–3 (vorgeheizt)
Backzeit: 10–15 Minuten je Backblech.

5 Die Backbleche auf Kuchenroste stellen. Das Gebäck etwa 5 Minuten auf den Backblechen abkühlen lassen.

6 Dann das Gebäck mit dem Backpapier von den Backblechen auf Kuchenroste ziehen. Gebäck erkalten lassen.

7 Zum Verzieren die Kuchenglasur nach Packungsanleitung schmelzen und in eine kleine Schale gießen. Jeweils eine Gebäckecke in die Glasur tauchen und abtropfen lassen. Das Gebäck auf Backpapier legen und trocknen lassen.

Dinkel-Gewürz-Plätzchen

etwa 90 Stück

Für den Knetteig:
100 g Speisestärke
½ gestr. TL Dr. Oetker Backin
200 g Dinkel-Vollkornmehl
1 gestr. TL gemahlener Zimt
1 Msp. gemahlene Muskatblüte (Macis)
1 Msp. gemahlene Nelken
1 Prise Salz
120 g Zucker
1 Pck. Dr. Oetker Vanillin-Zucker
1 Ei (Größe M)
220 g Butter oder Margarine

Zum Verzieren:
70 g dunkle Kuchenglasur

Zubereitungszeit: 50 Minuten, ohne Kühl- und Trockenzeit
Backzeit: 10–15 Minuten je Backblech

Insgesamt:
E: 40 g, F: 226 g, Kh: 386 g, kJ: 15653, kcal: 3733

***Haltbarkeit:** 3–4 Wochen in gut schließenden Dosen*

1 Für den Teig Speisestärke mit Backin mischen und in eine Rührschüssel sieben. Dinkelmehl, Zimt, Muskat, Nelken, Salz, Zucker, Vanillin-Zucker, Ei und Butter oder Margarine hinzufügen. Die Zutaten mit Handrührgerät mit Knethaken zunächst kurz auf niedrigster, dann auf höchster Stufe gut durcharbeiten.

2 Anschließend auf einer leicht bemehlten Arbeitsfläche zu einem glatten Teig verkneten. Aus dem Teig zwei dreieckige Stangen (5 x 5 x 5 cm, Länge etwa 22 cm) formen. Die Stangen in Frischhaltefolie gewickelt im Gefrierfach mindestens 30 Minuten anfrieren lassen.

3 Die Teigstangen mit einem Sägemesser in etwa 4 mm dicke Scheiben schneiden. Dabei die Stangen immer wieder drehen, damit die Scheiben gleichmäßig abgeschnitten werden.

4 Die Teigscheiben auf Backbleche (mit Backpapier belegt) legen. Die Backbleche nacheinander (bei Heißluft zusammen) in den Backofen schieben.

Ober-/Unterhitze: etwa 200 °C (vorgeheizt)
Heißluft: etwa 180 °C (vorgeheizt)
Gas: Stufe 3–4 (vorgeheizt)
Backzeit: 10–15 Minuten je Backblech.

5 Die Backbleche auf Kuchenroste stellen. Die Plätzchen etwa 5 Minuten auf den Backblechen abkühlen lassen. Dann die Plätzchen mit dem Backpapier von den Backblechen auf Kuchenroste ziehen. Plätzchen erkalten lassen.

6 Zum Verzieren Kuchenglasur nach Packungsanleitung schmelzen, in einen kleinen Gefrierbeutel geben und eine kleine Ecke abschneiden. Auf jedes Plätzchen z. B. ein großes „D“ spritzen. Glasur trocknen lassen.

Anis-Knusperchen

etwa 80 Stück

Für den Karamell:
70 g Zucker
10 g Anissamen (kein Sternanis)
2 gestr. TL Dr. Oetker Finesse Geriebene Zitronenschale

Für den Knetteig:
270 g Weizenmehl
20 g Speisestärke
80 g Puderzucker
1 Prise Salz
150 g Butter oder Margarine
1 gestr. TL Dr. Oetker Finesse Orangenfrucht
1 Ei (Größe M)

Zubereitungszeit: 50 Minuten, ohne Kühlzeit
Backzeit: 10–15 Minuten je Backblech

Insgesamt:
E: 40 g, F: 135 g, Kh: 375 g, kJ: 12021, kcal: 2871

***Haltbarkeit:** etwa 3 Wochen in gut schließenden Dosen*

1 Für den Karamell Zucker in einer Pfanne ohne Fett unter Rühren goldbraun karamellisieren. Anis und Zitronenschale unterrühren. Den Karamell auf Backpapier streichen und erkalten lassen. Dann den Karamell in Stücke brechen und in einen Gefrierbeutel geben. Karamellstücke mit einer Teigrolle sehr fein zerbröseln.

2 Für den Teig aus den angegebenen Zutaten wie auf Seite 16 beschrieben einen Knetteig zubereiten. Ein Drittel des Teiges zu einer etwa 40 cm langen Rolle formen.

3 Restlichen Teig mit den Karamellbröseln verkneten und ebenfalls zu einer etwa 40 cm langen Rolle formen. Die Karamellteigrolle der Länge nach tief ein-, aber nicht durchschneiden. Die Teigrolle auseinander klappen und flach drücken. Die zweite Teigrolle (ohne Karamellbrösel) darauf legen, mit dem Karamellteig umhüllen und wieder zur einer etwa 40 cm langen Rolle formen. Die Rolle quer durchschneiden, so dass 2 Rollen je 20 cm Länge entstehen. Die Teigrollen mit Frischhaltefolie belegen und im Gefrierfach mindestens 30 Minuten anfrieren lassen.

4 Die Teigrollen mit einem Sägemesser in 4–5 mm dicke Scheiben schneiden. Dabei die Rollen immer wieder drehen, damit die Scheiben gleichmäßig abgeschnitten werden. Die Teigscheiben auf Backbleche (mit Backpapier belegt) legen. Die Backbleche nacheinander (bei Heißluft zusammen) in den Backofen schieben.

Ober-/Unterhitze: etwa 180 °C (vorgeheizt)
Heißluft: etwa 160 °C (vorgeheizt)
Gas: Stufe 2–3 (vorgeheizt)
Backzeit: 10–15 Minuten je Backblech.

5 Die Backbleche auf Kuchenroste stellen. Das Gebäck etwa 5 Minuten auf den Backblechen abkühlen lassen. Dann das Gebäck mit dem Backpapier von den Backblechen auf Kuchenroste ziehen, Gebäck erkalten lassen.

Kekse mit Frucht

Fruchtig von der Rolle, was kann Ihnen Besseres passieren.

Orangentaler

etwa 80 Stück

Für den Rührteig:
100 g Butter oder Margarine
1 Prise Meersalz
150 g flüssiger Honig
abgeriebene Schale von 1 Bio-Orange (unbehandelt, ungewachst)
3 EL Orangensaft
1 Ei (Größe M)
200 g Vollkorn-Weizenmehl
1 TL Dr. Oetker Backin
70 g abgezogene, gemahlene Mandeln

Nach Belieben zum Bestreuen:
gehackte Pistazienkerne

Zubereitungszeit: 55 Minuten, ohne Kühlzeit
Backzeit: etwa 15 Minuten je Backblech

Insgesamt:
E: 45 g, F: 132 g, Kh: 248 g, kJ: 9966, kcal: 2380

***Haltbarkeit:** etwa 2 Wochen in gut schließenden Dosen*

1 Für den Teig Butter oder Margarine mit Handrührgerät mit Rührbesen auf höchster Stufe geschmeidig rühren. Nach und nach Salz, Honig und Orangenschale unterrühren. So lange rühren, bis eine gebundene Masse entstanden ist. Orangensaft unterrühren.

2 Ei in etwa ½ Minute unterrühren. Mehl mit Backin mischen, in 2 Portionen mit den Mandeln auf mittlerer Stufe unterrühren. Den Teig evtl. eine Zeit lang kalt stellen und zu Rollen (Ø etwa 2 ½ cm) formen. Teigrollen in Frischhaltefolie gewickelt nochmals einige Stunden oder über Nacht kalt stellen.

3 Teigrollen in etwa ½ cm dicke Scheiben schneiden und auf Backbleche (mit Backpapier belegt) legen. Teigtaler nach Belieben mit Wasser bestreichen und mit Pistazienkernen bestreuen. Die Backbleche nacheinander (bei Heißluft zusammen) in den Backofen schieben.

Ober-/Unterhitze: etwa 180 °C (vorgeheizt)
Heißluft: etwa 160 °C (vorgeheizt)
Gas: Stufe 2–3 (vorgeheizt)
Backzeit: etwa 15 Minuten je Backblech.

4 Orangentaler mit dem Backpapier von den Backblechen auf Kuchenroste ziehen, Orangentaler erkalten lassen.

Orangen-Whisky-Spalten

etwa 100 Stück

Für den Knetteig:
270 g Weizenmehl
120 g Zucker
1 Prise Salz
½ Pck. Dr. Oetker Finesse Orangenfrucht
1 Ei (Größe M)
150 g Butter oder Margarine
2 EL Whisky

Für den Guss:
230 g gesiebter Puderzucker
3–4 EL Whisky
orange Speisefarbe
2–3 EL Zitronensaft

Zubereitungszeit: 90 Minuten, ohne Kühlzeit
Backzeit: 10–15 Minuten je Backblech

Insgesamt:
E: 38 g, F: 134 g, Kh: 552 g, kJ: 15585, kcal: 3722

Haltbarkeit: *etwa 2 Wochen in gut schließenden Dosen*

1 Für den Teig aus den angegebenen Zutaten wie auf Seite 16 beschrieben einen Knetteig zubereiten. Aus dem Teig 2 Rollen (Länge je etwa 15 cm) formen. Teigrollen der Länge nach mit einem Messer in der Mitte durchschneiden. Die Teighälften in Frischhaltefolie gewickelt mindestens 2 Stunden kalt stellen.

2 Die Teighälften mit der flachen Seite auf die Arbeitsfläche legen und in etwa ½ cm dicke Scheiben schneiden. Teigscheiben auf Backbleche (mit Backpapier belegt) legen. Die Backbleche nacheinander (bei Heißluft zusammen) in den Backofen schieben.

Ober-/Unterhitze: etwa 180 °C (vorgeheizt)
Heißluft: etwa 160 °C (vorgeheizt)
Gas: Stufe 2–3 (vorgeheizt)
Backzeit: 10–15 Minuten je Backblech.

3 Die Backbleche auf Kuchenroste stellen. Die Plätzchen etwa 5 Minuten abkühlen lassen. Dann die Plätzchen mit dem Backpapier von den Backblechen auf Kuchenroste ziehen. Plätzchen erkalten lassen.

4 Für den Guss 130 g des Puderzuckers mit Whisky und Speisefarbe zu einer dickflüssigen Masse verrühren. Die Plätzchen damit bestreichen. Restlichen Puderzucker mit Zitronensaft zu einem Guss verrühren, in einen kleinen Gefrierbeutel geben und eine kleine Ecke abschneiden. Den Guss jeweils in Form einer Orangenscheibe auf die Plätzchen spritzen. Guss trocknen lassen.

Tipp: *Falls keine orangefarbige Speisefarbe vorhanden ist, rühren Sie so viel gelbe und rote Speisefarbe in den Guss, bis der gewünschte Farbton entstanden ist.*

Saftige Fruchtrollen

etwa 35 Stück

Für die Füllung:
200 g kandierte Ananasstücke
100 g getrocknete Cranberries, gesüßt
1 Eiweiß (Größe M)
abgeriebene Schale von je 1 Bio-Limette und -Zitrone

Für den Knetteig:
200g Weizenmehl
100 g Zucker
1 Pck. Dr. Oetker Vanillin-Zucker
1 Prise Salz
1 Eigelb (Größe M)
120 g Butter oder Margarine
2 EL kaltes Wasser

Für den Guss:
50 g gesiebter Puderzucker
1 EL Zitronen- oder Limettensaft

Zubereitungszeit: 90 Minuten, ohne Kühlzeit
Backzeit: 10–15 Minuten je Backblech

Insgesamt:
E: 33 g, F: 110 g, Kh: 622 g, kJ: 15230, kcal: 3622

***Haltbarkeit:** 3–4 Wochen in gut schließenden Dosen*

1 Für die Füllung Ananas mit Orangeat und Cranberries fein hacken. Eiweiß verschlagen, mit Limetten- und Zitronenschale mischen, Fruchtstückchen unterrühren.

2 Für den Teig Mehl in eine Rührschüssel sieben. Restliche Zutaten hinzufügen und mit Handrührgerät mit Rührbesen auf höchster Stufe gut durcharbeiten. Anschließend auf einer bemehlten Arbeitsfläche zu einem glatten Teig verarbeiten. Den Teig halbieren. Eine Teighälfte zwischen Frischhaltefolie zu einem Rechteck (etwa 12 x 32 cm) ausrollen. Die obere Lage Frischhaltefolie entfernen und die Hälfte der Fruchtmasse in der Mitte, der Länge nach auf dem Teigrechteck verteilen.

3 Den Teig mit Hilfe der unteren Frischhaltefolie auf der Füllung zusammenschlagen, andrücken, mit der Folie verschließen und zu einer Rolle formen. Zweite Teighälfte ebenso verarbeiten. Die Teigrollen mindestens 1 Stunde kalt stellen.

4 Die Teigrollen mit der Nahtseite nach oben auf eine Arbeitsfläche legen und in etwa 2 cm dicke Scheiben schneiden. Teigscheiben auf Backbleche (mit Backpapier belegt) setzen, die Oberfläche mit dem Messerrücken einkerben. Die Backbleche nacheinander (bei Heißluft zusammen) in den Backofen schieben.

Ober-/Unterhitze: etwa 200 °C (vorgeheizt)
Heißluft: etwa 180 °C (vorgeheizt)
Gas: Stufe 3–4 (vorgeheizt)
Backzeit: 10–15 Minuten je Backblech.

5 Die Backbleche auf Kuchenroste stellen. Das Gebäck etwa 5 Minuten abkühlen lassen. Dann das Gebäck mit dem Backpapier von den Backblechen auf Kuchenroste ziehen. Gebäck erkalten lassen.

6 Für den Guss Puderzucker mit Saft verrühren, in einen Gefrierbeutel geben, eine kleine Ecke abschneiden. Das Gebäck mit dem Guss besprenkeln, Guss trocknen lassen.

Hagebuttenkekse

etwa 90 Stück

Für den Tee:
3 Portionsbeutel Hagebuttentee
mit Hibiskus (je 3,5 g)
50 ml Wasser

Für den Knetteig:
220 g Weizenmehl
30 g Speisestärke
½ gestr. TL Dr. Oetker Backin
120 g Zucker
170 g Butter oder Margarine
70 g abgezogene, gemahlene Mandeln

Für den Guss:
70 g gesiebter Puderzucker
1–2 EL Zitronensaft

Zubereitungszeit: 50 Minuten, ohne Kühl- und Trockenzeit
Backzeit: etwa 15 Minuten je Backblech

Insgesamt:
E: 40 g, F: 182 g, Kh: 389 g, kJ: 14004, kcal: 3345

Haltbarkeit: *etwa 4 Wochen in gut schließenden Dosen*

1 Zum Vorbereiten die Teebeutel aufschneiden und den Tee in einen kleinen Topf geben. Wasser hinzufügen und unter Rühren aufkochen lassen. Den Topf von der Kochstelle nehmen, den Tee darin erkalten lassen.

2 Für den Teig Mehl mit Speisestärke und Backin mischen, in eine Rührschüssel sieben. Zucker, Butter oder Margarine, Mandeln und den gequollenen Hagebuttentee (etwa 2 Esslöffel Teebrei) hinzufügen. Die Zutaten mit Handrührgerät mit Knethaken auf höchster Stufe gut durcharbeiten.

3 Anschließend auf einer bemehlten Arbeitsfläche zu einem glatten Teig verkneten. Aus dem Teig zwei Rollen (Länge je 22 cm) formen. Teigrollen mit Frischhaltefolie belegen, im Gefrierfach etwa 30 Minuten anfrieren lassen.

4 Die Teigstangen mit einem Allesschneider oder mit einem Sägemesser in etwa 4 mm dicke Scheiben schneiden. Dabei die Rollen immer wieder drehen, damit die Scheiben gleichmäßig abgeschnitten werden. Die Teigscheiben auf Backbleche (mit Backpapier belegt) legen. Die Backbleche nacheinander (bei Heißluft zusammen) in den Backofen schieben.

Ober-/Unterhitze: etwa 180 °C (vorgeheizt)
Heißluft: etwa 160 °C (vorgeheizt)
Gas: Stufe 2–3 (vorgeheizt)
Backzeit: etwa 15 Minuten je Backblech.

5 Die Backbleche auf Kuchenroste stellen. Die Kekse etwa 5 Minuten abkühlen lassen. Dann die Kekse mit dem Backpapier von den Backblechen auf Kuchenroste ziehen. Kekse erkalten lassen.

6 Für den Guss Puderzucker und Zitronensaft zu einer dickflüssigen Masse verrühren, in einen Gefrierbeutel geben, eine kleine Ecke abschneiden. Auf jeden Keks einen Punkt spritzen. Guss trocknen lassen.

Zitronetten

etwa 100 Stück

Für den Knetteig:
375 g Weizenmehl
1 gestr. TL Dr. Oetker Backin
125 g Zucker
1 Pck. Dr. Oetker Vanillin-Zucker
1 Ei (Größe M)
1 EL Milch
100 g abgezogene, gemahlene Mandeln
200 g Butter
evtl. 1–2 EL Milch

Nach Belieben für die Füllung:
2 EL Aprikosenkonfitüre
1 EL Zitronensaft oder etwa
3 EL Zitronengelee

Für den Guss:
200 g gesiebter Puderzucker
etwa 5 EL Zitronensaft
60 g Pistazienkerne, in Stifte geschnitten

Zubereitungszeit: 85 Minuten, ohne Kühlzeit
Backzeit: 12–15 Minuten je Backblech

Insgesamt (ohne Füllung):
E: 79 g, F: 262 g, Kh: 619 g, kJ: 21508, kcal: 5136

***Haltbarkeit:** 2–3 Wochen in gut schließenden Dosen*

1 Für den Teig Mehl mit Backin mischen und in eine Rührschüssel sieben. Zucker, Vanillin-Zucker, Ei, Milch, Mandeln und Butter hinzufügen. Die Zutaten mit Handrührgerät mit Rührbesen zunächst kurz auf niedrigster, dann auf höchster Stufe gut durcharbeiten, evtl. 1–2 Esslöffel Milch hinzufügen.

2 Anschließend auf einer bemehlten Arbeitsfläche zu einem glatten Teig verarbeiten, zu Rollen (Ø etwa 3 cm) formen, in Frischhaltefolie gewickelt einige Stunden oder über Nacht kalt stellen.

3 Die Teigrollen in knapp ½ cm dicke Scheiben schneiden und auf Backbleche (mit Backpapier belegt) legen. Die Backbleche nacheinander (bei Heißluft zusammen) in den Backofen schieben.

Ober-/Unterhitze: 180–200 °C (vorgeheizt)
Heißluft: 160–180 °C (vorgeheizt)
Gas: Stufe 3–4 (vorgeheizt)
Backzeit: 12–15 Minuten je Backblech.

4 Die Plätzchen mit dem Backpapier von den Backblechen auf Kuchenroste ziehen. Plätzchen erkalten lassen.

5 Nach Belieben für die Füllung Aprikosenkonfitüre mit Zitronensaft oder Zitronengelee verrühren. Die Hälfte der Plätzchen mit der Füllung bestreichen und mit den restlichen Plätzchen belegen.

6 Für den Guss Puderzucker und Zitronensaft zu einer dickflüssigen Masse verrühren. Die Plätzchen damit bestreichen und mit Pistazienkernen bestreuen. Guss trocknen lassen.

Dicke Kirschtaler

etwa 32 Stück

Für den Knetteig:
300 g Weizenmehl
100 g Speisestärke
120 g Zucker
1 Pck. Dr. Oetker Vanillin-Zucker
1 Prise Salz
1 Ei (Größe M)
1 Eigelb (Größe M)
200 g Butter oder Margarine
3 EL Kirschwasser

Für die Füllung:
32 Sauerkirschen (aus dem Glas, Abtropfgewicht etwa 75 g)

40 g Hagelzucker zum Bestreuen

Zubereitungszeit: 50 Minuten, ohne Kühlzeit
Backzeit: 25–30 Minuten je Backblech

Insgesamt:
E: 46 g, F: 182 g, Kh: 488 g, kJ: 16154, kcal: 3857

***Haltbarkeit:** etwa 1 Woche in gut schließenden Dosen*

1 Für den Teig Mehl mit Speisestärke mischen, in eine Rührschüssel sieben. Zucker, Vanillin-Zucker, Salz, Ei, Eigelb, Butter oder Margarine und Kirschwasser hinzufügen. Die Zutaten mit Handrührgerät mit Knethaken zunächst kurz auf niedrigster, dann auf höchster Stufe gut durcharbeiten.

2 Anschließend auf einer leicht bemehlten Arbeitsfläche zu einem glatten Teig verkneten. Aus dem Teig zwei Rollen (je etwa 24 cm Länge) formen. Die Rollen in Frischhaltefolie gewickelt mindestens 1 Stunde kalt stellen.

3 Für die Füllung Sauerkirschen in einem Sieb gut abtropfen lassen. Die Teigrollen mit einem Sägemesser in etwa 1 ½ cm dicke Scheiben schneiden. Dabei die Rollen immer wieder drehen, damit die Scheiben gleichmäßig abgeschnitten werden. Teigscheiben auf Backbleche (mit Backpapier belegt) legen.

4 In jede Teigscheibe mit einem bemehlten Kochlöffelstiel eine etwa 1 ½ cm breite Vertiefung drücken. Jeweils eine Kirsche hineinlegen, andrücken und mit Hagelzucker bestreuen. Die Backbleche nacheinander (bei Heißluft zusammen) in den Backofen schieben.

Ober-/Unterhitze: etwa 180 °C (vorgeheizt)
Heißluft: etwa 160 °C (vorgeheizt)
Gas: Stufe 2–3 (vorgeheizt)
Backzeit: 25–30 Minuten je Backblech.

5 Die Backbleche auf Kuchenroste stellen. Die Kirschtaler etwa 5 Minuten auf den Backblechen abkühlen lassen. Dann die Kirschtaler mit dem Backpapier von den Backblechen auf Kuchenroste ziehen. Kirschtaler erkalten lassen.

Gefüllte Zitronentaler

etwa 45 Stück

Zum Vorbereiten:
1 reife Bio-Zitrone (unbehandelt, ungewachst)
50 g Zucker

Für den Knetteig:
250 g Weizenmehl
20 g Speisestärke
100 g Zucker
1 Pck. Dr. Oetker Vanillin-Zucker
1 Prise Salz
1 Ei (Größe M)
150 g Butter oder Margarine

Für den Guss:
3-4 EL Zitronensaft von der Bio-Zitrone
100 g gesiebter Puderzucker

Zubereitungszeit: 1 Stunde, ohne Saftzieh- und Kühlzeit
Backzeit: 15–20 Minuten je Backblech

Insgesamt:
E: 36 g, F: 134 g, Kh: 466 g, kJ: 13485, kcal: 3220

***Haltbarkeit:** 2–3 Wochen in gut schließenden Dosen*

1 Zum Vorbereiten Zitrone heiß abwaschen, trockenreiben, Enden abschneiden. Zitrone längs halbieren. Den faserigen Strang in der Mitte herausschneiden. (Die vorbereitete Zitrone wiegt etwa 80 g.) Zitronenhälften in sehr kleine Würfel schneiden, in eine Schale legen, mit Zucker mischen, 1 Stunde zum Saftziehen stehen lassen.

2 Für den Teig aus den angegebenen Zutaten wie auf Seite 30 beschrieben einen Knetteig zubereiten, zwei Rollen (Länge je etwa 20 cm) daraus formen, in Frischhaltefolie gewickelt 1 Stunde kalt stellen.

3 Zitronen abtropfen lassen, Saft auffangen, 3–4 Esslöffel davon abmessen.

4 Eine Teigrolle mit einem Sägemesser in etwa 4 mm dicke Scheiben schneiden. Dabei die Rolle immer wieder drehen, damit die Scheiben gleichmäßig abgeschnitten werden. Die Teigscheiben auf Backbleche (mit Backpapier belegt) legen, Zitronenwürfel darauf verteilen. Restliche Rolle ebenso in Scheiben schneiden. Die Teigscheiben bis zur Mitte (etwa 2 cm) einschneiden und auf die belegten Teigscheiben legen. Teigränder leicht andrücken.

5 Die Backbleche nacheinander (bei Heißluft zusammen) in den Backofen schieben.

Ober-/Unterhitze: etwa 180 °C (vorgeheizt)
Heißluft: etwa 160 °C (vorgeheizt)
Gas: Stufe 2–3 (vorgeheizt)
Backzeit: 15–20 Minuten je Backblech.

6 Die Backbleche auf Kuchenroste stellen. Das Gebäck etwa 5 Minuten auf den Backblechen abkühlen lassen. Dann das Gebäck mit dem Backpapier von den Backblechen auf Kuchenroste ziehen. Gebäck erkalten lassen.

7 Für den Guss Zitronensaft mit Puderzucker verrühren. Den Guss in einen Gefrierbeutel geben, eine kleine Ecke abschneiden. Den Guss in Querstreifen in die Einschnitte der Plätzchen spritzen. Guss trocknen lassen.

Klassiker

Hier schneiden Sie die Klassiker mal von der Rolle oder Stange ab.

Shortbread-Scheiben

etwa 50 Stück

Für den Knetteig:
300 g Weizenmehl
30 g Hartweizengrieß
120 g Zucker
1 Pck. Dr. Oetker Vanillin-Zucker
½ gestr. TL Salz
2 Eigelb (Größe M)
200 g Butter oder Margarine
2 EL kaltes Wasser

2 EL Zucker

Zubereitungszeit: 30 Minuten, ohne Kühlzeit
Backzeit: 10–15 Minuten je Backblech

Insgesamt:
E: 44 g, F: 182 g, Kh: 399 g, kJ: 14241, kcal: 3401

Haltbarkeit: *etwa 3 Wochen in gut schließenden Dosen*

1 Für den Teig Mehl in eine Rührschüssel sieben. Restliche Zutaten hinzufügen und mit Handrührgerät mit Knethaken auf höchster Stufe gut durcharbeiten. Anschließend auf einer bemehlten Arbeitsfläche zu einem glatten Teig verkneten. Aus dem Teig zwei Rollen (Länge je 25 cm) formen, in Frischhaltefolie gewickelt mindestens 1 Stunde kalt stellen.

2 Die Teigrollen mit Wasser bestreichen und in Zucker wälzen, andrücken. Teigrollen mit einem Sägemesser in etwa 1 cm dicke Scheiben schneiden. Dabei die Rollen immer wieder drehen, damit die Scheiben gleichmäßig abgeschnitten werden.

3 Die Teigscheiben auf Backbleche (mit Backpapier belegt) legen. Nach Belieben mit einer Gabel ein Muster in die Teigscheiben stechen. Die Backbleche nacheinander (bei Heißluft zusammen) in den Backofen schieben.

Ober-/Unterhitze: etwa 180 °C (vorgeheizt)
Heißluft: etwa 160 °C (vorgeheizt)
Gas: Stufe 2–3 (vorgeheizt)
Backzeit: 10–15 Minuten je Backblech.

4 Die Backbleche auf Kuchenroste stellen. Das Gebäck etwa 5 Minuten auf den Backblechen abkühlen lassen.

5 Dann das Gebäck mit dem Backpapier von den Backblechen auf Kuchenroste ziehen, Gebäck erkalten lassen.

Haferflockenplätzchen

etwa 50 Stück

Für den Knetteig:
150 g Butter oder Margarine
150 g brauner Zucker (Kandisfarin)
6–8 Tropfen Bittermandel-Aroma
2 Eier (Größe M)
200 g zarte Haferflocken
150 g abgezogene, gemahlene Mandeln
1 gestr. TL Dr. Oetker Backin
1 Pck. Dr. Oetker Finesse Geriebene Zitronenschale

Zubereitungszeit: 45 Minuten, ohne Kühlzeit
Backzeit: etwa 12 Minuten je Backblech

Insgesamt:
E: 71 g, F: 233 g, Kh: 280 g, kJ: 3478, kcal: 14567

***Haltbarkeit:** 2–3 Wochen in gut schließenden Dosen*

1 Für den Teig Butter oder Margarine mit Handrührgerät mit Rührbesen auf höchster Stufe geschmeidig rühren. Nach und nach braunen Zucker und Aroma unterrühren. So lange rühren, bis eine gebundene Masse entstanden ist. Eier nach und nach unterrühren (jedes Ei etwa 1/2 Minute).

2 Haferflocken mit Mandeln, Backin und Zitronenschale mischen, zwei Drittel davon auf mittlerer Stufe unterrühren. Restliches Haferflocken-Mandel-Gemisch mit den Händen auf der leicht bemehlten Arbeitsfläche unterarbeiten. Den Teig zu Rollen (Ø etwa 3 cm) formen und einige Stunden oder über Nacht kalt stellen.

3 Teigrollen in etwa 1/2 cm dicke Scheiben schneiden und auf Backbleche (mit Backpapier belegt) legen, evtl. etwas nachformen. Die Backbleche nacheinander (bei Heißluft zusammen) in den Backofen schieben.

Ober-/Unterhitze: etwa 180 °C (vorgeheizt)
Heißluft: etwa 160 °C (vorgeheizt)
Gas: Stufe 2–3 (vorgeheizt)
Backzeit: etwa 12 Minuten je Backblech.

4 Die Plätzchen mit dem Backpapier von den Backblechen auf Kuchenroste ziehen. Plätzchen erkalten lassen.

Pfeffernüsse mit Guss

etwa 60 Stück

Für den Knetteig:
250 g Weizenmehl
1 ½ gestr. TL Dr. Oetker Backin
160 g Zucker
1 Pck. Dr. Oetker Finesse
Geriebene Zitronenschale
1 Prise Salz
1 Ei (Größe M)
je 1 Msp. Ingwer, Kardamom,
Nelken, Piment (Nelkenpfeffer),
weißer Pfeffer (gemahlen)
5 EL Milch
25 g abgezogene, gemahlene Mandeln
25 g sehr fein gewürfeltes
Zitronat (Sukkade)

Für den Guss:
175 g gesiebter Puderzucker
etwa 2 EL heißes Wasser

Zubereitungszeit: 65 Minuten, ohne Kühlzeit
Backzeit: etwa 15 Minuten je Backblech

Insgesamt:
E: 42 g, F: 25 g, Kh: 547 g, kJ: 10781 , kcal: 2574

***Haltbarkeit:** 2–3 Wochen in gut schließenden Dosen*

1 Für den Teig Mehl mit Backin mischen, in eine Rührschüssel sieben. Zucker, Zitronenschale, Salz, Ei, Gewürze, Milch, Mandeln und Zitronat hinzufügen. Die Zutaten mit Handrührgerät mit Rührbesen zunächst kurz auf niedrigster, dann auf höchster Stufe gut durcharbeiten.

2 Anschließend auf einer bemehlten Arbeitsfläche zu einem glatten Teig verkneten, zu Rollen (Ø etwa 3 cm) formen, in Frischhaltefolie gewickelt einige Stunden oder über Nacht kalt stellen.

3 Die Teigrollen in etwa 1 cm dicke Scheiben schneiden und auf Backbleche (mit Backpapier belegt) legen (die Teigrollen zwischendurch immer wieder kalt stellen, damit sie sich gut schneiden lassen).

4 Die Backbleche nacheinander (bei Heißluft zusammen) in den Backofen schieben.

Ober-/Unterhitze: etwa 180 °C (vorgeheizt)
Heißluft: etwa 160 °C (vorgeheizt)
Gas: Stufe 2–3 (vorgeheizt)
Backzeit: etwa 15 Minuten je Backblech.

5 Die Pfeffernüsse mit dem Backpapier von den Backblechen auf Kuchenroste ziehen, Pfeffernüsse erkalten lassen.

6 Für den Guss Puderzucker mit Wasser zu einer dickflüssigen Masse verrühren. Die Pfeffernüsse damit bestreichen. Guss trocknen lassen.

7 Sobald der Guss fest ist, die Pfeffernüsse mit 1 Stück Graubrot (auf Pergament- oder Backpapier gelegt) in einer gut schließenden Blechdose aufbewahren.

Tipp: *Teigrollen anfrieren lassen und mit einem scharfen Messer oder mit einer Aufschnittmaschine schneiden.*

Klassiker

Crème-fraîche-Taler

etwa 120 Stück

Für den Knetteig:
250 g Weizenmehl
200 g Butter oder Margarine
1 Becher (150 g) Crème fraîche

Zum Bestreichen und Bestreuen:
3–4 EL Kondensmilch
etwa 50 g Hagelzucker oder Zimtzucker

Zubereitungszeit: 25 Minuten, ohne Kühlzeit
Backzeit: etwa 12 Minuten je Backblech

Insgesamt:
E: 37 g, F: 219 g, Kh: 246 g, kJ: 12942, kcal: 3097

***Haltbarkeit:** 2–3 Wochen in gut schließenden Dosen*

1 Für den Teig Mehl in eine Rührschüssel sieben. Butter oder Margarine und Crème fraîche hinzufügen. Die Zutaten mit Handrührgerät mit Rührbesen zunächst kurz auf niedrigster, dann auf höchster Stufe gut durcharbeiten.

2 Anschließend auf einer bemehlten Arbeitsfläche zu einem glatten Teig verarbeiten. Den Teig zu Rollen (Ø etwa 2,5 cm) formen, in Frischhaltefolie gewickelt einige Stunden oder über Nacht kalt stellen.

3 Teigrollen in knapp ½ cm dicke Scheiben schneiden und auf Backbleche (mit Backpapier belegt) legen. Teigscheiben mit Kondensmilch bestreichen und mit Hagelzucker oder Zimtzucker bestreuen.

4 Die Backbleche nacheinander (bei Heißluft zusammen) in den Backofen schieben.

Ober-/Unterhitze: etwa 200 °C (vorgeheizt)
Heißluft: etwa 180 °C (vorgeheizt)
Gas: Stufe 3–4 (vorgeheizt)
Backzeit: etwa 12 Minuten je Backblech.

5 Die Crème-fraîche-Taler mit dem Backpapier von den Backblechen auf Kuchenroste ziehen. Crème-fraîche-Taler erkalten lassen.

Abwandlung: *Für eine pikante Variante die Teigtaler statt mit Zucker mit geraspeltem Käse, Salz oder Mohn bestreuen.*

Tipp: *Die Teigrollen nach Belieben in Zucker wälzen, kalt stellen und in Scheiben schneiden.*

Schottisches Sandgebäck

etwa 150 Stück

Für den Knetteig:
250 g Weizenmehl
125 g Speisestärke
125 g feiner Zucker
250 g Butter oder Margarine

Zubereitungszeit: 40 Minuten, ohne Kühlzeit
Backzeit: etwa 60 Minuten je Backblech

Insgesamt:
E: 30 g, F: 211 g, Kh: 416 g, kJ: 15379, kcal: 3673

***Haltbarkeit:** 4–5 Wochen in gut schließenden Dosen*

1 Für den Teig Mehl mit Speisestärke mischen und in eine Rührschüssel sieben. Zucker und Butter oder Margarine hinzufügen. Die Zutaten mit Handrührgerät mit Rührbesen zunächst kurz auf niedrigster, dann auf höchster Stufe gut durcharbeiten.

2 Anschließend auf einer bemehlten Arbeitsfläche zu einem glatten Teig verkneten, zu Rollen (Ø etwa 2 ½ cm) formen, in Frischhaltefolie gewickelt einige Stunden oder über Nacht kalt stellen.

3 Die Teigrollen in etwa ½ cm dicke Scheiben schneiden und auf Backbleche (gefettet, mit Backpapier belegt) legen. Die Backbleche nacheinander (bei Heißluft zusammen) in den Backofen schieben.

Ober-/Unterhitze: etwa 150 °C (vorgeheizt)
Heißluft: etwa 130 °C (vorgeheizt)
Gas: Stufe 1–2 (vorgeheizt)
Backzeit: etwa 60 Minuten je Backblech.

4 Die Plätzchen mit dem Backpapier von den Backblechen auf Kuchenroste ziehen, Plätzchen erkalten lassen.

Vanilleplätzchen

etwa 65 Stück

Für den Knetteig:
250 g Weizenmehl
1 gestr. TL Dr. Oetker Backin
75 g Zucker
2 Pck. Dr. Oetker Vanillin-Zucker
1 Pck. Dr. Oetker Bourbon-Vanille-Aroma
1 Ei (Größe M)
125 g Butter oder Margarine

Zum Verzieren:
50 g Halbbitter-Kuvertüre

Zubereitungszeit: 50 Minuten, ohne Kühlzeit
Backzeit: etwa 12 Minuten je Backblech

Insgesamt:
E: 39 g, F: 130 g, Kh: 311 g, kJ: 10705, kcal: 2558

***Haltbarkeit:** etwa 4 Wochen in gut schließenden Dosen*

1 Für den Teig Mehl mit Backin mischen und in eine Rührschüssel sieben. Zucker, Vanillin-Zucker, Aroma, Ei und Butter oder Margarine hinzufügen. Die Zutaten mit Handrührgerät mit Rührbesen zunächst kurz auf niedrigster, dann auf höchster Stufe gut durcharbeiten.

2 Anschließend auf einer bemehlten Arbeitsfläche zu einem glatten Teig verarbeiten, zu Rollen (Ø etwa 3 cm) formen, in Frischhaltefolie gewickelt einige Stunden oder über Nacht kalt stellen.

3 Teigrollen in etwa ½ cm dicke Scheiben schneiden und auf Backbleche (gefettet, mit Backpapier belegt) legen. Die Backbleche nacheinander (bei Heißluft zusammen) in den Backofen schieben.

Ober-/Unterhitze: etwa 180 °C (vorgeheizt)
Heißluft: etwa 160 °C (vorgeheizt)
Gas: Stufe 2–3 (vorgeheizt)
Backzeit: etwa 12 Minuten je Backblech.

4 Die Plätzchen mit dem Backpapier von den Backblechen auf Kuchenroste ziehen. Plätzchen erkalten lassen.

5 Zum Verzieren Kuvertüre in Stücke hacken, in einem kleinen Topf im Wasserbad bei schwacher Hitze zu einer geschmeidigen Masse verrühren. Die Plätzchen auf dem Backpapier liegen lassen und mit Hilfe eines Teelöffels mit der Kuvertüre besprenkeln. Trocknen lassen.

Tipp: *Durch die Zugabe von 1 Päckchen Dr. Oetker Finesse Orangenfrucht oder Dr. Oetker Finesse Geriebene Zitronenschale lassen sich die Vanilleplätzchen geschmacklich einfach und schnell abwandeln.*

Kekse mit Kakao & Schokolade

Mit Keksen mit der Kraft der braunen Kakaobohnen sind Sie ganz schnell wieder auf der Rolle.

Ghanataler

etwa 150 Stück

Für den Knetteig:
250 g Weizenmehl
2 EL (35 g) Kakaopulver
1 gestr. TL Dr. Oetker Backin
250 g Zucker
1 Pck. Dr. Oetker Vanillin-Zucker
1 gestr. TL gemahlener Zimt
1 Ei (Größe M)
200 g Butter oder Margarine
150 g abgezogene, gemahlene Mandeln

2–3 EL Milch zum Bestreichen
etwa 100 g Hagelzucker zum Bestreuen

Zubereitungszeit: 25 Minuten, ohne Kühlzeit
Backzeit: etwa 12 Minuten je Backblech

Insgesamt:
E: 72 g, F: 266 g, Kh: 555 g, kJ: 20464, kcal: 4887

***Haltbarkeit:** 3–4 Wochen in gut schließenden Dosen*

1 Für den Teig Mehl mit Kakao und Backin mischen, in eine Rührschüssel sieben. Zucker, Vanillin-Zucker, Zimt, Ei und Butter oder Margarine hinzufügen. Die Zutaten mit Handrührgerät mit Rührbesen zunächst kurz auf niedrigster, dann auf höchster Stufe gut durcharbeiten.

2 Anschließend auf einer bemehlten Arbeitsfläche zu einem glatten Teig verarbeiten, Mandeln unterarbeiten. Den Teig zu Rollen (Ø etwa 3 cm) formen und in Frischhaltefolie gewickelt einige Stunden oder über Nacht kalt stellen.

3 Teigrollen in etwa ½ cm dicke Scheiben schneiden und auf Backbleche (mit Backpapier belegt) legen. Teigtaler mit Milch bestreichen und mit Hagelzucker bestreuen. Die Backbleche nacheinander (bei Heißluft zusammen) in den Backofen schieben.

Ober-/Unterhitze: etwa 200 °C (vorgeheizt)
Heißluft: etwa 180 °C (vorgeheizt)
Gas: Stufe 3–4 (vorgeheizt)
Backzeit: etwa 12 Minuten je Backblech.

4 Die Taler mit dem Backpapier von den Backblechen auf Kuchenroste ziehen. Taler erkalten lassen.

Tipp: *Statt Hagelzucker können auch gehackte Pistazienkerne und abgezogene, gehackte Mandeln verwendet werden.*

Schokoladen-Lebkuchen

etwa 160 Stück

Für den Lebkuchenteig:
150 g flüssiger Honig
125 g Zucker
50 g Schweineschmalz oder Margarine
3 TL Lebkuchengewürz
1 Pck. Dr. Oetker Finesse Geriebene Zitronenschale
400 g Weizenmehl
1 Ei (Größe M)
1 Eigelb (Größe M)
100 g geriebene Blockschokolade
½ Pck. (10 g) Hirschhornsalz
1 EL Rum oder Weinbrand

Für den Guss:
200 g gesiebter Puderzucker
2–3 EL heißes Wasser

Zubereitungszeit: 60 Minuten, ohne Kühlzeit
Backzeit: etwa 15 Minuten je Backblech

Insgesamt:
E: 63 g, F: 94 g, Kh: 787 g, kJ: 17840, kcal: 4259

***Haltbarkeit:** etwa 3 Wochen in gut schließenden Dosen*

1 Für den Teig Honig mit Zucker und Schmalz oder Margarine in einem Topf unter Rühren langsam erwärmen, bis sich Honig und Zucker aufgelöst haben. Die Masse in eine Rührschüssel geben und abkühlen lassen.

2 Unter die fast erkaltete Masse mit Handrührgerät mit Rührbesen Lebkuchengewürz und Zitronenschale rühren. Mehl darauf sieben, Ei, Eigelb, Blockschokolade, Hirschhornsalz und Rum oder Weinbrand hinzufügen. Die Zutaten zunächst kurz auf niedrigster, dann auf höchster Stufe zu einem glatten Teig verarbeiten, zu 4 Rollen (Ø etwa 3 cm, Länge je etwa 25 cm) formen und in Frischhaltefolie gewickelt einige Stunden oder über Nacht kalt stellen.

3 Die Teigrollen in etwa 1 cm dicke Scheiben schneiden und nicht zu dicht auf Backbleche (mit Backpapier belegt) legen (Teigrollen zwischendurch immer wieder kalt stellen, damit sie sich gut schneiden lassen. Der Teig enthält wenig Fett und wird dadurch schnell weich).

4 Die Backbleche nacheinander (bei Heißluft zusammen) in den Backofen schieben.

Ober-/Unterhitze: etwa 180 °C (vorgeheizt)
Heißluft: etwa 160 °C (vorgeheizt)
Gas: Stufe 2–3 (vorgeheizt)
Backzeit: etwa 15 Minuten je Backblech.

5 Das Gebäck mit dem Backpapier von den Backblechen auf Kuchenroste ziehen. Gebäck erkalten lassen.

6 Für den Guss Puderzucker mit Wasser zu einer dickflüssigen Masse verrühren. Den Guss in ein Pergamentpapiertütchen füllen. Das Gebäck mit dem Guss verzieren. Guss trocknen lassen.

Merci-Pur-Knusperchen

etwa 50 Stück

Für den Knetteig:
250 g Weizenmehl
1 Msp. Dr. Oetker Backin
75 g Zucker
1 Pck. Dr. Oetker Vanillin-Zucker
1 Pck. Dr. Oetker Bourbon-Vanille-Aroma
150 g Butter
1–2 EL kaltes Wasser

100 g fein gehackte Merci Pur Helle Sahne

Für die Füllung:
100 ml Schlagsahne
100 g grob gehackte Merci Pur Helle Sahne
50 g Butter

Zum Garnieren:
50 g Merci Pur Helle Sahne

Zubereitungszeit: 80 Minuten, ohne Kühlzeit
Backzeit: etwa 12 Minuten je Backblech

Insgesamt:
E: 42 g, F: 286 g, Kh: 413 g, kJ: 18379, kcal: 4388

***Haltbarkeit:** etwa 2 Wochen in gut schließenden Dosen (ohne Füllung)*

1 Für den Teig Mehl mit Backin mischen, in eine Rührschüssel sieben. Restliche Zutaten hinzufügen und mit Handrührgerät mit Rührbesen auf höchster Stufe gut durcharbeiten, Schokoladenstückchen unterarbeiten. Anschließend auf einer bemehlten Arbeitsfläche zu einem glatten Teig verkneten, zu Rollen formen und in Frischhaltefolie gewickelt einige Stunden oder über Nacht kalt stellen.

2 Für die Füllung Sahne in einem Topf erhitzen, Schokoladenstückchen unter Rühren darin auflösen, Butter unterrühren. Die Schokoladencreme in eine Rührschüssel füllen, etwa 2 Stunden kalt stellen.

3 Die Teigrollen in etwa ½ cm dicke Scheiben schneiden und auf Backbleche (mit Backpapier belegt) legen. Die Backbleche nacheinander (bei Heißluft zusammen) in den Backofen schieben.

Ober-/Unterhitze: etwa 180 °C (vorgeheizt)
Heißluft: etwa 160 °C (vorgeheizt)
Gas: Stufe 2–3 (vorgeheizt)
Backzeit: etwa 12 Minuten je Backblech.

4 Das Gebäck mit dem Backpapier von den Backblechen auf Kuchenroste ziehen. Gebäck erkalten lassen.

5 Die kalt gestellte Schokoladencreme mit Handrührgerät mit Rührbesen cremig aufschlagen. Die Hälfte des Gebäcks auf der Unterseite mit der Creme bestreichen (etwas Creme abnehmen). Restliches Gebäck mit der Unterseite darauf legen, etwas andrücken. Creme fest werden lassen.

6 Die Gebäckoberfläche mit der abgenommenen Creme verzieren und nach Belieben mit in Scheiben geschnittenen Merci Pur garnieren.

Schoko-Minz-Knöpfe

etwa 60 Stück

Für den Knetteig:
250 g Weizenmehl
1 gestr. TL Dr. Oetker Backin
20 g Kakaopulver
100 g Puderzucker
1 Pck. Dr. Oetker Bourbon-Vanille-Zucker
1 Ei (Größe M)
150 g Butter oder Margarine

Für die Minzemasse:
50 g heller Sirup
250 g gesiebter Puderzucker
1 EL Zitronensaft
einige Tropfen Pfefferminzöl
(aus der Apotheke)
einige Tropfen grüne Speisefarbe

Zum Bestreichen:
30 g aufgelöste Halbbitter-Kuvertüre

Zubereitungszeit: 120 Minuten, ohne Kühlzeit
Backzeit: 10–15 Minuten je Backblech

Insgesamt:
E: 42 g, F: 149 g, Kh: 606 g, kJ: 16437, kcal: 3927

***Haltbarkeit:** 3–4 Wochen ohne Guss und mit Guss etwa 8 Tage in gut schließenden Dosen*

1 Für den Teig aus den angegebenen Zutaten wie auf Seite 44 beschrieben einen Knetteig zubereiten, zu Rollen (Ø etwa 3 cm) formen, in Frischhaltefolie gewickelt einige Stunden oder über Nacht kalt stellen. Teigrollen in Scheiben schneiden und auf Backbleche (mit Backpapier belegt) legen.

2 Nach Belieben aus der Mitte jedes Teigtalers mit einer kleinen Lochtülle (Ø etwa 5 mm) nebeneinander zwei Löcher ausstechen, so dass die Taler wie Knöpfe aussehen. Die Backbleche nacheinander (bei Heißluft zusammen) in den Backofen schieben.

Ober-/Unterhitze: etwa 180 °C (vorgeheizt)
Heißluft: etwa 160 °C (vorgeheizt)
Gas: Stufe 2–3 (vorgeheizt)
Backzeit: 10–15 Minuten je Backblech.

3 Das Gebäck mit dem Backpapier von den Backblechen auf Kuchenroste ziehen. Gebäck erkalten lassen.

4 Für die Minzemasse Sirup mit Puderzucker, Zitronensaft, Minzöl und Speisefarbe in einer Rührschüssel mit Handrührgerät mit Rührbesen auf höchster Stufe gut durcharbeiten. Anschließend auf der Arbeitsfläche zu einer glatten Masse verkneten, dann portionsweise auf der mit Puderzucker bestäubten Arbeitsfläche zu Rollen (Ø etwa 3 cm) formen. Aus den Rollen etwa 60 Taler schneiden.

5 Zum Bestreichen Kuvertüre in einen kleinen Gefrierbeutel oder ein Pergamentpapiertütchen füllen und eine Ecke abschneiden. In die Mitte jedes Schokotalers zwei kleine Tupfen spritzen, einen grünen Taler darauf legen und andrücken. Die Kuvertüre fest werden lassen und mit einem Stäbchen die „Knopflöcher" stechen.

Größe
Größe
Größe

Kekse mit Nüssen & Mandeln

Bei diesen Keksen werden die Eichhörnchen im Garten neidisch.

Kokostaler

etwa 200 Stück

Für den Knetteig:
250 g Weizenmehl
½ gestr. TL Dr. Oetker Backin
250 g Zucker
1 Pck. Dr. Oetker Vanillin-Zucker
5 Tropfen Bittermandel-Aroma
1 Ei (Größe M)
250 g weiche Butter
200 g Kokosraspel

2–3 EL Milch nach Belieben

Zubereitungszeit: 20 Minuten, ohne Kühlzeit
Backzeit: etwa 12 Minuten je Backblech

Insgesamt:
E: 49 g, F: 344 g, Kh: 456 g, kJ: 21284, kcal: 5082

Haltbarkeit: *3–4 Wochen in gut schließenden Dosen*

1 Für den Teig Mehl mit Backin mischen und in eine Rührschüssel sieben. Zucker, Vanillin-Zucker, Aroma, Ei und Butter hinzufügen. Die Zutaten mit Handrührgerät mit Rührbesen zunächst kurz auf niedrigster, dann auf höchster Stufe gut durcharbeiten. Kokosraspel unterarbeiten.

2 Anschließend auf einer bemehlten Arbeitsfläche zu einem glatten Teig verkneten, zu Rollen (etwa Ø 4 cm) formen und in Frischhaltefolie gewickelt einige Stunden oder über Nacht kalt stellen.

3 Teigrollen in etwa ½ cm dicke Scheiben schneiden und auf Backbleche (mit Backpapier belegt) legen, evtl. etwas nachformen. Teigplätzchen nach Belieben mit Milch bestreichen. Die Backbleche nacheinander (bei Heißluft zusammen) in den Backofen schieben.

Ober-/Unterhitze: 180–200 °C (vorgeheizt)
Heißluft: 160–180 °C (vorgeheizt)
Gas: etwa Stufe 3 (vorgeheizt)
Backzeit: etwa 12 Minuten je Backblech.

4 Die Kokostaler mit dem Backpapier von den Backblechen auf Kuchenroste ziehen. Kokostaler erkalten lassen.

Tipp: *Die Hälfte der Teigtaler mit Milch bestreichen. Die restlichen Teigtaler nach dem Backen mit 50 g aufgelöster Halbbitter-Kuvertüre besprenkeln.*

Erdnuss-Schnecken

etwa 60 Stück

Für den Knetteig:
300 g Weizenmehl
½ gestr. TL Dr. Oetker Backin
100 g Zucker
1 Pck. Dr. Oetker Bourbon-Vanille-Zucker
1 Ei (Größe M)
1 Eigelb (Größe M)
170 g Butter oder Margarine
1½ gestr. EL gesiebtes Kakaopulver

Zum Bestreuen:
150 g Erdnusskerne, fein gesalzen oder Honig-Erdnusskerne

Zum Bestreichen:
1 verschlagenes Eiweiß

Zubereitungszeit: 1 Stunde, ohne Kühlzeit
Backzeit: 10–15 Minuten je Backblech

Insgesamt:
E: 87 g, F: 232 g, Kh: 343 g, kJ: 15865 , kcal: 3789

***Haltbarkeit:** 3–4 Wochen in gut schließenden Dosen*

1 Für den Teig Mehl mit Backin mischen und in eine Rührschüssel sieben. Restliche Zutaten hinzufügen und mit Handrührgerät mit Knethaken auf höchster Stufe gut durcharbeiten. Den Teig halbieren. Eine Teighälfte mit Kakao verkneten. Die Teighälften getrennt in Frischhaltefolie gewickelt etwa 30 Minuten kalt stellen. Zum Bestreuen Erdnusskerne grob hacken.

2 Den hellen Teig auf einer bemehlten Arbeitsfläche zu einem Quadrat (etwa 30 x 30 cm) ausrollen, dann aufrollen und zur Seite legen. Den dunklen Teig zu einem Rechteck (etwa 30 x 34 cm) ausrollen und mit dem verschlagenen Eiweiß bestreichen. Die Hälfte der Erdnusskerne darauf verteilen, dabei an der längeren Seite einen etwa 4 cm breiten Rand frei lassen. Den hellen Teig auf dem bestreuten dunklen Teig abrollen, andrücken, mit dem restlichen Eiweiß bestreichen und mit den restlichen Erdnusskernen bestreuen.

3 Die Teigplatte vom nicht bestreuten Rand beginnend aufrollen, zu einer quadratischen Stange (etwa 5 x 5 cm, Länge etwa 30 cm) formen und zusammendrücken. Teigstange quer durchschneiden, mit Frischhaltefolie zudecken, im Gefrierfach etwa 30 Minuten anfrieren lassen.

4 Die Teigstangen mit einem Allesschneider oder einem Sägemesser in 4–5 mm dicke Scheiben schneiden. Dabei die Stangen immer wieder drehen, damit die Scheiben gleichmäßig abgeschnitten werden. Die Teigscheiben auf Backbleche (mit Backpapier belegt) legen. Die Backbleche nacheinander (bei Heißluft zusammen) in den Backofen schieben.

Ober-/Unterhitze: etwa 180 °C (vorgeheizt)
Heißluft: etwa 160 °C (vorgeheizt)
Gas: Stufe 2–3 (vorgeheizt)
Backzeit: 10–15 Minuten je Backblech.

(Fortsetzung Seite 58)

5 Die Backbleche auf Kuchenroste stellen. Das Gebäck etwa 5 Minuten auf den Backblechen abkühlen lassen. Dann das Gebäck mit dem Backpapier von den Backblechen auf Kuchenroste ziehen, Gebäck erkalten lassen.

Einfach - schnell

Erdnusstaler

etwa 80 Stück

Für den Knetteig:
200 g Weizenmehl, 50 g Speisestärke
1 gestr. TL Dr. Oetker Backin
125 g Zucker
1 Pck. Dr. Oetker Vanillin-Zucker
2 Tropfen Bittermandel-Aroma
1 Prise Salz, 1 Ei (Größe M)
125 g Butter oder Margarine
125 g grob gehackte Erdnusskerne (ungesalzen)

Zubereitungszeit: 60 Minuten, ohne Kühlzeit
Backzeit: 10–15 Minuten je Backblech

Insgesamt:
E: 62 g, F: 174 g, Kh: 338 g, kJ: 13211, kcal: 3155

***Haltbarkeit:** etwa 4 Wochen in gut schließenden Dosen*

1 Für den Teig Mehl mit Speisestärke und Backin mischen, in eine Rührschüssel sieben. Zucker, Vanillin-Zucker, Aroma, Salz, Ei und Butter oder Margarine hinzufügen. Die Zutaten mit Handrührgerät mit Rührbesen zunächst kurz auf niedrigster, dann auf höchster Stufe gut durcharbeiten. Erdnusskerne unterarbeiten.

2 Anschließend auf einer bemehlten Arbeitsfläche zu einem glatten Teig verkneten, zu Rollen (Ø etwa 3 cm) formen und in Frischhaltefolie gewickelt einige Stunden oder über Nacht kalt stellen.

3 Die Teigrollen in etwa ½ cm dicke Scheiben schneiden und auf Backbleche (mit Backpapier belegt) legen. Die Backbleche nacheinander (bei Heißluft zusammen) in den Backofen schieben.

Ober-/Unterhitze: etwa 180 °C (vorgeheizt)
Heißluft: etwa 160 °C (vorgeheizt)
Gas: Stufe 2–3 (vorgeheizt)
Backzeit: 10–15 Minuten je Backblech.

4 Die Erdnusstaler mit dem Backpapier von den Backblechen auf Kuchenroste ziehen und erkalten lassen.

Erdnussplätzchen

etwa 120 Stück

Für den Knetteig:
100 g geröstete ungesalzene Erdnusskerne
250 g Weizenmehl
1 Msp. Dr. Oetker Backin
100 g gesiebter Puderzucker
150 g Erdnusscreme mit Erdnussstückchen
2 EL Speiseöl
1 Ei (Größe M)
100 g Butter oder Margarine

Zubereitungszeit: 40 Minuten, ohne Kühlzeit
Backzeit: 10–15 Minuten je Backblech

Insgesamt:
E: 91 g, F: 251 g, Kh: 318 g, kJ: 16009 , kcal: 3834

***Haltbarkeit:** 3–4 Wochen in gut schließenden Dosen*

1 Für den Teig Erdnusskerne fein hacken. Mehl mit Backin mischen und in eine Rührschüssel sieben. Puderzucker, Erdnusscreme, Speiseöl, Ei und Butter oder Margarine hinzufügen. Die Zutaten mit Handrührgerät mit Rührbesen zunächst kurz auf niedrigster, dann auf höchster Stufe gut durcharbeiten, Erdnusskerne unterarbeiten.

2 Anschließend auf einer bemehlten Arbeitsfläche zu einem glatten Teig verkneten, zu Rollen (Ø etwa 3 cm) formen und in Frischhaltefolie gewickelt einige Stunden oder über Nacht kalt stellen (der Teig ist etwas weicher als üblicher Knetteig).

3 Teigrollen in gut ½ cm dicke Scheiben schneiden und auf Backbleche (mit Backpapier belegt) legen. Die Backbleche nacheinander (bei Heißluft zusammen) in den Backofen schieben.

Ober-/Unterhitze: etwa 180 °C (vorgeheizt)
Heißluft: etwa 160 °C (vorgeheizt)
Gas: Stufe 2–3 (vorgeheizt)
Backzeit: 10–15 Minuten je Backblech.

4 Die Plätzchen mit dem Backpapier von den Backblechen auf Kuchenroste ziehen, Plätzchen erkalten lassen.

Abwandlung: ***Erdnussplätzchen mit Zimt.** Dafür einen Knetteig aus 200 g Weizenmehl, ½ gestrichenen Teelöffel Dr. Oetker Backin, 1 gestrichenen Teelöffel Salz, ½ gestrichenen Teelöffel gemahlenem Zimt, 100 g Butter oder Margarine und 50 g gemahlenen ungesalzenen Erdnusskernen wie im Rezept beschrieben herstellen und wie ab Punkt 2 beschrieben weiter zubereiten. Die Plätzchen vor dem Backen zusätzlich mit 1 verschlagenen Ei bestreichen und mit 50 g gehackten Erdnusskernen bestreuen.*

Braune Macadamiakekse

etwa 60 Stück

Zum Vorbereiten:
100 g Butterschmalz
100 g Nuss-Nougat
100 g gesalzene Macadamianusskerne
50 g Korinthen

Für den Knetteig:
250 g Weizenmehl
½ gestr. TL Dr. Oetker Backin
100 g brauner Zucker
1 Ei (Größe M)
2 EL kaltes Wasser

Zubereitungszeit: 50 Minuten, ohne Kühlzeit
Backzeit: 10–15 Minuten je Backblech

Insgesamt:
E: 51 g, F: 216 g, Kh: 361 g, kJ: 14936, kcal: 3567

***Haltbarkeit:** etwa 3 Wochen in gut schließenden Dosen*

1 Zum Vorbereiten Butterschmalz in einem Topf zerlassen, Topf von der Kochstelle nehmen. Nougat in Stücke schneiden, unter Rühren im Butterschmalz schmelzen. Nougatmasse erkalten lassen, bis sie fast fest geworden ist. Macadamianusskerne grob hacken. Korinthen in ein Sieb geben, mit heißem Wasser abspülen, abtropfen lassen.

2 Für den Teig Mehl mit Backin mischen und in eine Rührschüssel sieben. Zucker, Ei, Wasser, Nougatmasse, Nusskerne und Korinthen hinzufügen. Die Zutaten mit Handrührgerät mit Knethaken zunächst kurz auf niedrigster, dann auf höchster Stufe gut durcharbeiten. Anschließend auf einer leicht bemehlten Arbeitsfläche zu einem glatten Teig verkneten.

3 Aus dem Teig zwei quadratische Stangen (je 4 x 4 cm, Länge je 20 cm) formen. Die Stangen mit Frischhaltefolie belegen, im Gefrierfach mindestens 30 Minuten anfrieren lassen.

4 Die Teigstangen mit einem Allesschneider oder einem Sägemesser in etwa ½ cm dicke Scheiben schneiden. Dabei die Stangen immer wieder drehen, damit die Scheiben gleichmäßig abgeschnitten werden. Teigscheiben auf Backbleche (mit Backpapier belegt) legen. Die Backbleche nacheinander (bei Heißluft zusammen) in den Backofen schieben.

Ober-/Unterhitze: etwa 200 °C (vorgeheizt)
Heißluft: etwa 180 °C (vorgeheizt)
Gas: Stufe 3–4 (vorgeheizt)
Backzeit: 10–15 Minuten je Backblech.

5 Die Backbleche auf Kuchenroste stellen. Die Kekse etwa 5 Minuten auf den Backblechen abkühlen lassen. Dann die Kekse mit dem Backpapier von den Backblechen auf Kuchenroste ziehen. Kekse erkalten lassen.

Grieß-Krokant-Scheiben

etwa 60 Stück

Für den Knetteig:
1 Tafel (100 g) Zartbitterschokolade
170 g Weizenmehl
80 g Zucker
1 Prise Salz
50 g Hartweizengrieß
1 Ei (Größe M)
150 g Butter oder Margarine
100 g Haselnusskrokant

2 EL Zucker

Zubereitungszeit: 40 Minuten, ohne Kühlzeit
Backzeit: 10–15 Minuten je Backblech

Insgesamt:
E: 41 g, F: 178 g, Kh: 398 g, kJ: 14064, kcal: 3358

***Haltbarkeit:** etwa 3 Wochen in gut schließenden Dosen*

1 Für den Teig Schokolade zuerst in Stücke brechen, dann fein hacken. Mehl in eine Rührschüssel sieben. Zucker, Salz, Grieß, Ei, Butter oder Margarine, Krokant und Schokoladenstückchen hinzufügen. Die Zutaten mit Handrührgerät mit Knethaken zunächst kurz auf niedrigster, dann auf höchster Stufe gut durcharbeiten.

2 Anschließend auf einer leicht bemehlten Arbeitsfläche zu einem glatten Teig verkneten. Aus dem Teig zwei Rollen (Länge je etwa 25 cm) formen. Die Teigrollen in Frischhaltefolie gewickelt mindestens 1 Stunde kalt stellen.

3 Die Teigrollen mit Wasser bestreichen und in Zucker wälzen, Zucker andrücken. Die Teigrollen mit einem Sägemesser in 5–8 mm dicke Scheiben schneiden. Dabei die Rollen immer wieder drehen, damit die Scheiben gleichmäßig abgeschnitten werden.

4 Die Teigscheiben mit 2 cm Abstand auf Backbleche (mit Backpapier belegt) legen. Die Backbleche nacheinander (bei Heißluft zusammen) in den Backofen schieben.

Ober-/Unterhitze: etwa 180 °C (vorgeheizt)
Heißluft: etwa 160 °C (vorgeheizt)
Gas: Stufe 2–3 (vorgeheizt)
Backzeit: 10–15 Minuten je Backblech.

5 Die Backbleche auf Kuchenroste stellen. Das Gebäck etwa 5 Minuten auf den Backblechen abkühlen lassen.

6 Dann das Gebäck mit dem Backpapier von den Backblechen auf Kuchenroste ziehen, Gebäck erkalten lassen.

Cashewkern-Taler

etwa 160 Stück

Für den Knetteig:
150 g Weizenmehl
150 g brauner Zucker (Rohrzucker)
2 Eier (Größe M)
1 gestr. TL gemahlener Ingwer
1 gestr. TL gemahlener Kardamom
150 g Butter
250 g fein gehackte oder grob gemahlene Cashewkerne, ungesalzen

Zubereitungszeit: 40 Minuten, ohne Kühlzeit
Backzeit: etwa 12 Minuten je Backblech

Insgesamt:
E: 76 g, F: 244 g, Kh: 338 g, kJ: 16084, kcal: 3842

***Haltbarkeit:** etwa 2 Wochen in gut schließenden Dosen*

1 Für den Teig Mehl in eine Rührschüssel sieben. Braunen Zucker, Eier, Ingwer, Kardamom und Butter hinzufügen. Die Zutaten mit Handrührgerät mit Rührbesen zunächst kurz auf niedrigster, dann auf höchster Stufe gut durcharbeiten.

2 Anschließend auf einer bemehlten Arbeitsfläche mit den Cashewkernen zu einem glatten Teig verarbeiten, evtl. etwas Mehl hinzufügen. Den Teig zu Rollen (Ø etwa 2 ½ cm) formen und in Frischhaltefolie gewickelt einige Stunden oder über Nacht kalt stellen.

3 Die Teigrollen in etwa ½ cm dicke Scheiben schneiden und auf Backbleche (mit Backpapier belegt) legen. Die Backbleche nacheinander (bei Heißluft zusammen) in den Backofen schieben.

Ober-/Unterhitze: 180–200 °C (vorgeheizt)
Heißluft: 160–180 °C (vorgeheizt)
Gas: etwa Stufe 3 (vorgeheizt)
Backzeit: etwa 12 Minuten je Backblech.

4 Das Gebäck mit dem Backpapier von den Backblechen auf Kuchenroste ziehen. Gebäck erkalten lassen.

Tipp: *Cashewkerne können durch gemahlene Erdnuss-, Haselnuss- oder Walnusskerne ersetzt werden. Noch intensiver schmecken die Taler, wenn die Cashewkerne vorher in einer Pfanne ohne Fett geröstet und erkaltet unter den Teig gearbeitet werden. Cashewkern-Taler mit aufgelöster Vollmilch-Kuvertüre besprenkeln oder je einen Tropfen Vollmilch-Kuvertüre auf die Taler geben.*

Haselnusstaler

etwa 100 Stück

Für den Teig:
80 g weiche Butter
180 g flüssiger Honig
1 Ei (Größe M)
4 EL starker schwarzer Tee
½ TL gesiebtes Kakaopulver
1 TL gemahlener Zimt
1 Prise Salz
½ TL Dr. Oetker Bourbon-Vanille-Zucker
80 g fein gehackte Haselnusskerne
200 g Vollkorn-Weizenmehl
1 gestr. TL Dr. Oetker Backin

1 verschlagenes Eiweiß zum Bestreichen

60 g gehackte Haselnusskerne

Zubereitungszeit: 60 Minuten, ohne Kühlzeit
Backzeit: etwa 15 Minuten je Backblech

Insgesamt:
E: 65 g, F: 167 g, Kh: 342 g, kJ: 13119, kcal: 3133

***Haltbarkeit:** 2–3 Wochen in gut schließenden Dosen*

1 Für den Teig Butter mit Handrührgerät mit Rührbesen auf höchster Stufe geschmeidig rühren, nach und nach Honig unterrühren. So lange rühren, bis eine gebundene Masse entstanden ist. Ei in etwa ½ Minute unterrühren. Tee, Kakao, Zimt, Salz, Vanille-Zucker und Haselnusskerne unterrühren.

2 Mehl mit Backin mischen und hinzufügen. Die Zutaten auf einer bemehlten Arbeitsfläche zu einem glatten Teig verarbeiten, zu Rollen (Ø etwa 2 ½ cm) formen und in Frischhaltefolie gewickelt einige Stunden oder über Nacht kalt stellen.

3 Teigrollen mit Eiweiß bestreichen und anschließend in den Haselnusskernen wälzen. Teigrollen in etwa ½ cm dicke Scheiben schneiden und auf Backbleche (mit Backpapier belegt) legen.

4 Die Backbleche nacheinander (bei Heißluft zusammen) in den Backofen schieben.

Ober-/Unterhitze: etwa 180 °C (vorgeheizt)
Heißluft: etwa 160 °C (vorgeheizt)
Gas: Stufe 2–3 (vorgeheizt)
Backzeit: etwa 15 Minuten je Backblech.

5 Die Haselnusstaler mit dem Backpapier von den Backblechen auf Kuchenroste ziehen. Haselnusstaler erkalten lassen.

Walnussplätzchen

etwa 80 Stück

Für den Knetteig:
300 g Weizenmehl
200 g Zucker
1 Pck. Dr. Oetker Vanillin-Zucker
1 Fläschchen Rum-Aroma
3 Tropfen Bittermandel-Aroma
1 Msp. gemahlener Kardamom oder Zimt
1 Prise Salz
1 Ei (Größe M)
200 g Butter
150 g gemahlene Walnusskerne

Zum Bestreichen:
2–3 EL rotes Johannisbeergelee

Zum Garnieren:
50 g Halbbitter-Kuvertüre
200 g halbierte Walnusskerne

Für den Guss:
150–200 g Zitronenglasur

Zubereitungszeit: 100 Minuten, ohne Abkühlzeit
Backzeit: etwa 12 Minuten je Backblech

Insgesamt:
E: 101 g, F: 487 g, Kh: 617 g, kJ: 30224, kcal: 7219

***Haltbarkeit:** 2–3 Wochen in gut schließenden Dosen*

1 Für den Teig Mehl in eine Rührschüssel sieben. Zucker, Vanillin-Zucker, Aromen, Kardamom oder Zimt, Salz, Ei und Butter hinzufügen. Die Zutaten mit Handrührgerät mit Rührbesen zunächst kurz auf niedrigster, dann auf höchster Stufe gut durcharbeiten, Walnusskerne unterarbeiten.

2 Anschließend auf einer bemehlten Arbeitsfläche zu einem glatten Teig verkneten, zu Rollen (Ø etwa 4 cm) formen und in Frischhaltefolie gewickelt einige Stunden oder über Nacht kalt stellen.

3 Teigrollen in etwa 4 mm dicke Scheiben schneiden und auf Backbleche (gefettet, mit Backpapier belegt) legen. Die Backbleche nacheinander (bei Heißluft zusammen) in den Backofen schieben.

Ober-/Unterhitze: 180–200 °C (vorgeheizt)
Heißluft: 160–180 °C (vorgeheizt)
Gas: etwa Stufe 3 (vorgeheizt)
Backzeit: etwa 12 Minuten je Backblech.

4 Die Plätzchen mit dem Backpapier von den Backblechen auf Kuchenroste ziehen. Plätzchen erkalten lassen.

5 Zum Bestreichen Gelee glatt rühren. Die Hälfte der Plätzchen auf der Unterseite mit dem Gelee bestreichen, die restlichen Plätzchen darauf legen und gut andrücken.

6 Zum Garnieren Kuvertüre in einem kleinen Topf im Wasserbad bei schwacher Hitze schmelzen. Die Walnusskerne jeweils zur Hälfte in die Kuvertüre tauchen und auf Backpapier legen, Kuvertüre fest werden lassen.

7 Für den Guss Zitronenglasur nach Packungsanleitung auflösen, die Plätzchen damit bestreichen und mit den Walnusskernhälften garnieren.

Falsche Sterne

etwa 60 Stück

Für den Knetteig:
250 g Weizenmehl
120 g Puderzucker
1 Pck. Dr. Oetker Bourbon-Vanille-Zucker
100 g gemahlene Walnusskerne
1 Ei (Größe M)
150 g Butter oder Margarine
2 EL kaltes Wasser

Für die Füllung:
150 g Aprikosenkonfitüre
1 EL Wasser

Puderzucker zum Bestäuben

Zubereitungszeit: 50 Minuten, ohne Kühl- und Trockenzeit
Backzeit: 10–15 Minuten je Backblech

Insgesamt:
E: 51 g, F: 196 g, Kh: 442 g, kJ: 15609, kcal: 3728

***Haltbarkeit:** etwa 3 Wochen in gut schließenden Dosen*

1 Für den Teig Mehl und Puderzucker in eine Rührschüssel sieben. Vanille-Zucker, Walnusskerne, Ei, Butter oder Margarine und Wasser hinzufügen. Die Zutaten mit Handrührgerät mit Knethaken zunächst kurz auf niedrigster, dann auf höchster Stufe gut durcharbeiten.

2 Anschließend auf einer leicht bemehlten Arbeitsfläche zu einem glatten Teig verkneten. Aus dem Teig zwei dreieckige Stangen (je 5 x 5 x 5 cm Breite, Länge etwa 25 cm) formen. Die Teigstangen mit Frischhaltefolie belegen und im Gefrierfach etwa 30 Minuten anfrieren lassen.

3 Die Teigstangen mit einem Allesschneider oder einem Sägemesser in etwa 4 mm dicke Scheiben schneiden. Dabei die Stangen immer wieder drehen, damit die Scheiben gleichmäßig abgeschnitten werden. Die Teigscheiben auf Backbleche (mit Backpapier belegt) legen.

4 Die Backbleche nacheinander (bei Heißluft zusammen) in den Backofen schieben.

Ober-/Unterhitze: etwa 180 °C (vorgeheizt)
Heißluft: etwa 160 °C (vorgeheizt)
Gas: Stufe 2–3 (vorgeheizt)
Backzeit: 10–15 Minuten je Backblech.

5 Die Backbleche auf Kuchenroste stellen. Das Gebäck etwa 5 Minuten abkühlen lassen.

6 Dann das Gebäck mit dem Backpapier von den Backblechen auf Kuchenroste ziehen, Gebäck erkalten lassen.

7 Für die Füllung Konfitüre mit Wasser in einem kleinen Topf unter Rühren aufkochen lassen und anschließend mit einem Schneidstab pürieren. Jeweils zwei Gebäckdreiecke mit einem Klecks Konfitüre versetzt zusammensetzen. Trocknen lassen. Das Gebäck mit Puderzucker bestäuben.

Spezialitäten

Hier können Sie sich Spezialitäten wie Rosenkekse od
Stollenscheiben abschneiden.

Kandis-Kekse

etwa 90 Stück

Für den Knetteig:
300 g Weizenmehl
½ gestr. TL Dr. Oetker Backin
70 g brauner Krümelkandis
1 Prise Salz
1 Becher (150 g) stichfeste saure Sahne
150 g Butter

Zum Bestreuen:
30 g brauner Krümelkandis

Zubereitungszeit: 30 Minuten, ohne Kühlzeit
Backzeit: 15–20 Minuten je Backblech

Insgesamt:
E: 39 g, F: 143 g, Kh: 321 g, kJ: 11380, kcal: 2719

***Haltbarkeit:** 3–4 Wochen in gut schließenden Dosen*

1 Für den Teig Mehl mit Backin mischen und in eine Rührschüssel sieben. Kandis, Salz, saure Sahne und Butter hinzufügen. Die Zutaten mit Handrührgerät mit Knethaken zunächst kurz auf niedrigster, dann auf höchster Stufe gut durcharbeiten.

2 Anschließend auf einer leicht bemehlten Arbeitsfläche zu einem glatten Teig verkneten. Aus dem Teig zwei Rollen (Länge je etwa 20 cm) formen. Die Teigrollen in Frischhaltefolie gewickelt mindestens 1 Stunde kalt stellen.

3 Die Teigrollen mit einem Sägemesser in etwa 4 mm dicke Scheiben schneiden. Dabei die Rollen immer wieder drehen, damit die Scheiben gleichmäßig abgeschnitten werden. Die Teigscheiben auf Backbleche (mit Backpapier belegt) legen und mit dem restlichen Kandis bestreuen. Die Backbleche nacheinander (bei Heißluft zusammen) in den Backofen schieben.

Ober-/Unterhitze: etwa 180 °C (vorgeheizt)
Heißluft: etwa 160 °C (vorgeheizt)
Gas: Stufe 2–3 (vorgeheizt)
Backzeit: 15–20 Minuten je Backblech.

4 Die Backbleche auf Kuchenroste stellen. Die Kekse etwa 5 Minuten auf den Backblechen abkühlen lassen. Dann die Kekse mit dem Backpapier von den Backblechen auf Kuchenroste ziehen, Kekse erkalten lassen.

Rosentaler

etwa 55 Stück

Für den Knetteig:
170 g Weizenmehl
70 g Speisestärke, 120 g Zucker
1 Pck. Dr. Oetker Vanillin-Zucker
1 Ei (Größe M)
70 g weiches Butterschmalz
50 g Butter oder Margarine
2 EL Rosenwasser (erhältlich in türkischen Läden oder in der Apotheke)
½ gestr. TL Dr. Oetker Finesse Geriebene Zitronenschale

Für den Guss:
150 g gesiebter Puderzucker
2 EL Rosenwasser
1 TL Zitronensaft
rote Speisefarbe nach Belieben

Zubereitungszeit: 90 Minuten, ohne Kühlzeit
Backzeit: 10–12 Minuten je Backblech

Insgesamt:
E: 27 g, F: 119 g, Kh: 467 g, kJ: 12699, kcal: 3032

***Haltbarkeit:** etwa 3 Wochen in gut schließenden Dosen*

1 Für den Teig Mehl mit Speisestärke mischen und in eine Rührschüssel sieben. Zucker, Vanillin-Zucker, Ei, Butterschmalz, Butter oder Margarine, Rosenwasser und Zitronenschale hinzufügen. Die Zutaten mit Handrührgerät mit Rührbesen zunächst kurz auf niedrigster, dann auf höchster Stufe gut durcharbeiten.

2 Anschließend auf einer bemehlten Arbeitsfläche zu einem glatten Teig verarbeiten, zu Rollen (Ø etwa 3 cm) formen und in Frischhaltefolie gewickelt mindestens 2 Stunden oder über Nacht kalt stellen.

3 Teigrollen mit einem groben Sägemesser in etwa ½ cm dicke Scheiben schneiden und auf Backbleche (gefettet, mit Backpapier belegt) legen. Die Teigscheiben jeweils mit den Fingern rundherum mehrmals einkerben oder mit einem Messer einschneiden. Die Backbleche nacheinander (bei Heißluft zusammen) in den Backofen schieben.

Ober-/Unterhitze: 180–200 °C (vorgeheizt)
Heißluft: 160–180 °C (vorgeheizt)
Gas: etwa Stufe 3 (vorgeheizt)
Backzeit: 10–12 Minuten je Backblech.

4 Die Backbleche auf Kuchenroste stellen. Die Plätzchen etwa 5 Minuten abkühlen lassen. Dann die Plätzchen mit dem Backpapier von den Backblechen auf Kuchenroste ziehen. Plätzchen erkalten lassen.

5 Für den Guss Puderzucker mit Rosenwasser und Zitronensaft zu einer dickflüssigen Masse verrühren. Nach Belieben mit Speisefarbe rot färben.

6 Den Guss in einen kleinen Gefrierbeutel geben und eine kleine Ecke abschneiden. Den Guss von innen nach außen auf die Plätzchen spritzen, so dass der Eindruck einer Rosenblüte entsteht. Guss trocknen lassen.

Stollenscheiben

Für den Hefeteigansatz:
80 g Weizenmehl
1 Pck. Dr. Oetker Trockenbackhefe
50 g Zucker
100 ml lauwarme Milch

100 g Rosinen
100 g Marzipan-Rohmasse
180 g Weizenmehl
1 Pck. Dr. Oetker Vanillin-Zucker
1 Msp. gemahlene Muskatblüte (Macis)
2 gestr. TL Dr. Oetker Finesse
Geriebene Zitronenschale
3 EL Mohnsamen
120 g kalte Butter
1 Eigelb (Größe M)

Zum Bestreichen:
50 g Butter

Zubereitungszeit: 50 Minuten, ohne Teiggehzeit
Backzeit: 10–15 Minuten je Backblech

Insgesamt:
E: 60 g, F: 203 g, Kh: 358 g, kJ: 14667, kcal: 35027

Haltbarkeit: *4–6 Wochen in gut schließenden Dosen*

1 Für den Hefeteigansatz Mehl in eine Rührschüssel sieben, mit Trockenbackhefe und Zucker sorgfältig mischen. Milch unterrühren. Den Teigansatz zugedeckt so lange an einem warmen Ort stehen lassen, bis er große Blasen wirft und sich das Volumen fast verdoppelt hat (etwa 1 Stunde).

2 Rosinen in ein Sieb geben, mit heißem Wasser abspülen und abtropfen lassen. Marzipan auf der groben Seite der Haushaltsreibe raspeln. 150 g des Mehls in eine Rührschüssel sieben, Vanillin-Zucker, Macis, Zitronenschale, 2 Esslöffel der Mohnsamen, Butter, Eigelb, Marzipanraspel, Rosinen und den Teigansatz hinzufügen. Die Zutaten mit Handrührgerät mit Knethaken zunächst kurz auf niedrigster, dann auf höchster Stufe gut durcharbeiten.

3 Anschließend auf einer bemehlten Arbeitsfläche mit dem restlichen Mehl zu einem glatten Teig verkneten und zwei Rollen (Länge je 24 cm) daraus formen.

4 Die Teigrollen in Stollenform bringen, dünn mit Wasser bestreichen und mit dem restlichen Mohnsamen bestreuen, leicht andrücken. Die Teigstangen mit Frischhaltefolie zugedeckt im Gefrierfach etwa 30 Minuten anfrieren lassen.

5 Die Teigstangen mit einem Sägemesser in etwa 5 mm dicke Scheiben schneiden. Die Teigscheiben auf Backbleche (mit Backpapier belegt) legen. Die Backbleche nacheinander (bei Heißluft zusammen) in den Backofen schieben.

Ober-/Unterhitze: etwa 200 °C (vorgeheizt)
Heißluft: etwa 180 °C (vorgeheizt)
Gas: Stufe 3–4 (vorgeheizt)
Backzeit: 10–15 Minuten je Backblech.

(Fortsetzung Seite 80)

6 Die Backbleche auf Kuchenroste stellen. Butter zerlassen, das heiße Gebäck sofort damit bestreichen, Gebäck auf den Backblechen etwa 5 Minuten abkühlen lassen.

7 Dann das Gebäck mit dem Backpapier von den Backblechen auf Kuchenroste ziehen. Gebäck erkalten lassen.

Für Kinder

Konfettitaler

etwa 120 Stück

Für den Knetteig:
125 g Butter
125 g Zucker
1 Pck. Dr. Oetker Vanillin-Zucker
1 Ei (Größe M)
200 g Weizenmehl
50 g Speisestärke
1 gestr. TL Dr. Oetker Backin

100 g klein geschnittene, kandierte Früchte

Zubereitungszeit: 40 Minuten, ohne Kühlzeit
Backzeit: etwa 12 Minuten je Backblech

Insgesamt:
E: 31 g, F: 112 g, Kh: 390 g, kJ: 11266, kcal: 2690

***Haltbarkeit:** 3–4 Wochen in gut schließenden Dosen*

1 Für den Teig Butter in einer Rührschüssel mit Handrührgerät mit Rührbesen geschmeidig rühren. Nach und nach Zucker und Vanillin-Zucker unterrühren. So lange rühren, bis eine gebundene Masse entstanden ist. Ei in etwa ½ Minute unterrühren.

2 Mehl mit Speisestärke und Backin mischen, die Hälfte davon auf mittlerer Stufe unterrühren. Restliches Mehlgemisch auf einer bemehlten Arbeitsfläche unterarbeiten, Fruchtstückchen unterkneten. Den Teig zu Rollen (Ø etwa 2 ½ cm) formen und in Frischhaltefolie gewickelt einige Stunden oder über Nacht kalt stellen.

3 Die Teigrollen in gut ½ cm dicke Scheiben schneiden und auf Backbleche (mit Backpapier belegt) legen. Die Backbleche nacheinander (bei Heißluft zusammen) in den Backofen schieben.

Ober-/Unterhitze: 180–200 °C (vorgeheizt)
Heißluft: 160–180 °C (vorgeheizt)
Gas: etwa Stufe 3 (vorgeheizt)
Backzeit: etwa 12 Minuten je Backblech.

4 Die Konfettitaler mit dem Backpapier von den Backblechen auf Kuchenroste ziehen. Konfettitaler erkalten lassen.

Frühstückskekse

etwa 65 Stück

Zum Vorbereiten:
100 g Rosinen
2 EL Apfelsaft
50 g Kürbiskerne

Für den Knetteig:
125 g Weizenmehl
1 gestr. TL Dr. Oetker Backin
120 g Zucker
1 Pck. Dr. Oetker Vanillin-Zucker
1 Prise Salz
1 Ei (Größe M)
100 g Butter oder Margarine
1 gestr. TL Dr. Oetker Finesse Geriebene Zitronenschale
2 gestr. EL (20 g) Leinsamen
50 g abgezogene, gemahlene Mandeln
100 g Haferflocken, blütenzart

Zubereitungszeit: 50 Minuten, ohne Einweich- und Kühlzeit
Backzeit: 20–25 Minuten je Backblech

Insgesamt:
E: 63 g, F: 196 g, Kh: 344 g, kJ: 14254, kcal: 3401

***Haltbarkeit:** etwa 3 Wochen in gut schließenden Dosen*

1 Zum Vorbereiten Rosinen in eine flache Schale geben, mit Apfelsaft übergießen, etwa 30 Minuten einweichen. Kürbiskerne klein hacken, in einer Pfanne ohne Fett goldbraun rösten, herausnehmen und auf einem Teller erkalten lassen.

2 Für den Teig Mehl mit Backin mischen, in eine Rührschüssel sieben. Zucker, Vanillin-Zucker, Salz, Ei, Butter oder Margarine, Zitronenschale, Leinsamen, Mandeln, Haferflocken, Rosinen mit dem Saft und Kürbiskernstückchen hinzufügen. Die Zutaten mit Handrührgerät mit Knethaken auf höchster Stufe gut durcharbeiten.

3 Anschließend auf einer leicht bemehlten Arbeitsfläche zu einem glatten Teig verkneten. Aus dem Teig zwei rechteckige Stangen (je etwa 3 x 4 cm, Länge etwa 25 cm) formen. Die Teigstangen in Frischhaltefolie gewickelt im Gefrierfach mindestens 1 Stunde anfrieren lassen.

4 Die Teigstangen mit einem Sägemesser in knapp 1 cm dicke Scheiben schneiden. Dabei die Stangen immer wieder drehen, damit die Scheiben gleichmäßig abgeschnitten werden. Die Teigscheiben mit etwa 2 cm Abstand auf Backbleche (mit Backpapier belegt) legen. Die Backbleche nacheinander (bei Heißluft zusammen) in den Backofen schieben.

Ober-/Unterhitze: etwa 180 °C (vorgeheizt)
Heißluft: etwa 160 °C (vorgeheizt)
Gas: Stufe 2–3 (vorgeheizt)
Backzeit: 20–25 Minuten je Backblech.

5 Die Backbleche auf Kuchenroste stellen. Die Kekse etwa 5 Minuten auf den Backblechen abkühlen lassen. Dann die Kekse mit dem Backpapier von den Backblechen auf Kuchenroste ziehen, Kekse erkalten lassen.

Kekse am Band

etwa 110 Stück

Für den Knetteig:
250 g Weizenmehl
20 g Speisestärke
120 g Zucker
1 Pck. Dr. Oetker Vanillin-Zucker
1 Prise Salz
1 Ei (Größe M)
150 g Butter oder Margarine
abgeriebene Schale von je 1 Bio-Limette und -Zitrone (unbehandelt, ungewachst)
2 EL Limettensaft

Für den Guss:
170 g gesiebter Puderzucker
3–4 EL Zitronensaft

bunte Speisefarbe nach Belieben

Zum Garnieren:
evtl. Zuckerperlen

bunte Fruchtgummischnüre oder -schnecken

Zubereitungszeit: 90 Minuten, ohne Kühl- und Trockenzeit
Backzeit: etwa 12 Minuten je Backblech

Insgesamt:
E: 38 g, F: 134 g, Kh: 555 g, kJ: 15025, kcal: 3587

Haltbarkeit: *etwa 2 Wochen in gut schließenden Dosen*

1 Für den Teig Mehl mit Speisestärke mischen, in eine Rührschüssel sieben. Restliche Zutaten hinzufügen und mit Handrührgerät mit Rührbesen auf höchster Stufe gut durcharbeiten. Anschließend auf einer bemehlten Arbeitsfläche zu einem glatten Teig verkneten, zu Rollen (Ø etwa 3 cm) formen und in Frischhaltefolie gewickelt mindestens 2 Stunden kalt stellen.

2 Teigrollen in etwa ½ cm dicke Scheiben schneiden und auf Backbleche (gefettet, mit Backpapier belegt) legen. Jeweils in die Mitte der Teigscheiben mit einem Schaschlikspieß ein etwa 3 mm großes Loch stechen. Die Backbleche nacheinander (bei Heißluft zusammen) in den Backofen schieben.

Ober-/Unterhitze: 180–200 °C (vorgeheizt)
Heißluft: 160–180 °C (vorgeheizt)
Gas: etwa Stufe 3 (vorgeheizt)
Backzeit: etwa 12 Minuten je Backblech.

3 Die Backbleche auf Kuchenroste stellen. Kekse 5 Minuten auf den Backblechen abkühlen lassen. Dann die Kekse mit dem Backpapier von den Backblechen auf Kuchenroste ziehen. Kekse erkalten lassen.

4 Für den Guss Puderzucker und Zitronensaft zu einer dickflüssigen Masse verrühren. Den Guss nach Belieben portionsweise mit Speisefarbe bunt einfärben. Die Plätzchen mit dem Guss bestreichen, nach Belieben sofort mit Zuckerperlen bestreuen. Guss trocknen lassen.

5 Die Kekse auf die Fruchtschnüre oder -schnecken fädeln, dabei die Schnur nach jedem Keks verknoten.

Tipp: *Damit die Löcher in den Teigscheiben gleich groß werden, können sie mit der Spitze einer Lochtülle ausgestochen werden.*

Gemusterte Kekse

etwa 70 Stück

Für den Knetteig:
220 g Weizenmehl
½ gestr. TL Dr. Oetker Backin
120 g Zucker
1 Pck. Dr. Oetker Vanillin-Zucker
1 Prise Salz
1 Ei (Größe M)
120 g Butter oder Margarine
1 Pck. (25 g) gehackte Pistazienkerne
1 gestr. EL abgezogene, gemahlene Mandeln
1 Pck. Saucenpulver Vanille-Geschmack, zum Kochen

30 g Schokoladenblättchen

Zubereitungszeit: 45 Minuten, ohne Kühlzeit
Backzeit: 12–15 Minuten je Backblech

Insgesamt:
E: 41 g, F: 133 g, Kh: 330 g, kJ: 11212, kcal: 2674

***Haltbarkeit:** etwa 3 Wochen in gut schließenden Dosen*

1 Für den Teig Mehl mit Backin mischen und in eine Rührschüssel sieben. Zucker, Vanillin-Zucker, Salz, Ei und Butter oder Margarine hinzufügen. Die Zutaten mit Handrührgerät mit Rührbesen zunächst kurz auf niedrigster, dann auf höchster Stufe gut durcharbeiten.

2 Anschließend auf einer bemehlten Arbeitsfläche zu einem glatten Teig verarbeiten. Den Teig vierteln. Eine Teigportion mit Pistazienkernen und Mandeln verkneten. Zweite Teigportion flach drücken, Saucenpulver darauf streuen und unterkneten.

3 Die restlichen 2 Teigportionen mit den Schokoladenblättchen verkneten. Die Teige jeweils zu Rollen (Schokoteig 2 Rollen, Länge je etwa 30 cm). Die einzelnen Rollen auf der bemehlten Arbeitsfläche eng aneinander legen, zusammendrücken und zu einer Rolle (etwa 34 cm Länge) formen. Die Rolle senkrecht halbieren und mit Frischhaltefolie belegt mindestens 2 Stunden kalt stellen.

4 Die Teigrollen in etwa ½ cm dicke Scheiben schneiden und auf Backbleche (mit Backpapier belegt) legen. Die Backbleche nacheinander (bei Heißluft zusammen) in den Backofen schieben.

Ober-/Unterhitze: etwa 180 °C (vorgeheizt)
Heißluft: etwa 160 °C (vorgeheizt)
Gas: Stufe 2–3 (vorgeheizt)
Backzeit: 12–15 Minuten je Backblech.

5 Die Backbleche auf Kuchenroste stellen. Die Kekse etwa 5 Minuten abkühlen lassen. Dann die Kekse mit dem Backpapier von den Backblechen auf Kuchenroste ziehen. Kekse erkalten lassen.

Tipp: *Den Pistazien-Mandel-Teig zusätzlich mit etwas grüner Speisefarbe verkneten, damit die Kekse grüner aussehen.*

Butterbrote mit „Schnittlauch“

etwa 120 Stück

Für den Knetteig:
140 g Weizenmehl
100 g Zucker
1 Eigelb (Größe M)
120 g Schokoladen-Getränkepulver, z. B. von Nesquick
140 g Butter
140 g abgezogene, gemahlene Mandeln

Nach Belieben für den Guss:
175 g gesiebter Puderzucker
1–2 EL Wasser
einige Tropfen gelbe Speisefarbe

Zum Bestreuen:
etwa 50 g gehackte Pistazienkerne

Zubereitungszeit: 75 Minuten, ohne Kühlzeit
Backzeit: etwa 12 Minuten je Backblech

Insgesamt:
E: 62 g, F: 233 g, Kh: 310 g, kJ: 14957, kcal: 3572

***Haltbarkeit:** etwa 2 Wochen in gut schließenden Dosen*

1 Für den Teig Mehl in eine Rührschüssel sieben. Zucker, Eigelb, Getränkepulver, Butter und Mandeln hinzufügen. Die Zutaten mit Handrührgerät mit Rührbesen zunächst kurz auf niedrigster, dann auf höchster Stufe gut durcharbeiten.

2 Anschließend auf einer bemehlten Arbeitsfläche zu einem glatten Teig verarbeiten, zu Rollen (Ø etwa 4 cm) formen und in Frischhaltefolie gewickelt einige Stunden oder über Nacht kalt stellen.

3 Die Teigrollen in gut ½ cm dicke Scheiben schneiden, nicht zu dicht auf Backbleche (mit Backpapier belegt) legen (Teig läuft etwas auseinander). Die Backbleche nacheinander (bei Heißluft zusammen) in den Backofen schieben.

Ober-/Unterhitze: etwa 180 °C (vorgeheizt)
Heißluft: etwa 160 °C (vorgeheizt)
Gas: Stufe 2–3 (vorgeheizt)
Backzeit: etwa 12 Minuten je Backblech.

4 Das Gebäck mit dem Backpapier von den Backblechen auf Kuchenroste ziehen, Gebäck erkalten lassen.

5 Nach Belieben für den Guss Puderzucker mit Wasser und Speisefarbe zu einer dickflüssigen Masse verrühren. Die Plätzchen auf der Oberseite damit bestreichen und mit Pistazienkernen bestreuen. Guss trocknen lassen.

Abwandlung: *Wenn Sie kein Schokoladen-Getränkepulver im Hause haben, können Sie auch einen Knetteig aus folgenden Zutaten zubereiten: 150 g Weizenmehl, 1 Messerspitze Dr. Oetker Backin, 100 g feiner brauner Zucker (Kandisfarin), 1 Päckchen Dr. Oetker Finesse Jamaica-Rum-Aroma, 150 g Butter und 150 g gemahlene Haselnusskerne. Den Knetteig wie oben beschrieben zubereiten und weiter verarbeiten.*

Süße Buletten

etwa 70 Stück

Zum Vorbereiten:
50 g Sonnenblumenkerne
100 g Rosinen
50 g getrocknete Aprikosen

Für den Knetteig:
100 g Weizenmehl
½ gestr. TL Dr. Oetker Backin
70 g Zucker
1 Msp. gemahlener Zimt
1 Ei (Größe M)
50 g abgezogene, gehackte Mandeln
50 g Butter oder Margarine

Für den Guss:
150 g Stachelbeerkonfitüre
30 g Butter

Zubereitungszeit: 60 Minuten, ohne Kühlzeit
Backzeit: etwa 15 Minuten je Backblech

Insgesamt:
E: 45 g, F: 126 g, Kh: 348 g, kJ: 11460, kcal: 2736

***Haltbarkeit:** etwa 2 Wochen in gut schließenden Dosen*

1 Zum Vorbereiten Sonnenblumenkerne, Rosinen und Aprikosen fein hacken.

2 Für den Teig Mehl mit Backin mischen und in eine Rührschüssel sieben. Zucker, Zimt, Ei, Mandeln und Butter oder Margarine hinzufügen. Die Zutaten mit Handrührgerät mit Rührbesen zunächst kurz auf niedrigster, dann auf höchster Stufe gut durcharbeiten. Vorbereitete Früchte unterarbeiten.

3 Anschließend auf einer bemehlten Arbeitsfläche zu einem glatten Teig verarbeiten, zu Rollen (Ø etwa 4 cm) formen und in Frischhaltefolie gewickelt 1–2 Stunden kalt stellen.

4 Teigrollen in etwa 1 cm breite Scheiben schneiden, mit gemehlten Händen kleine Buletten daraus formen und auf Backbleche (mit Backpapier belegt) legen. Die Backbleche nacheinander (bei Heißluft zusammen) in den Backofen schieben.

Ober-/Unterhitze: etwa 180 °C (vorgeheizt)
Heißluft: etwa 160 °C (vorgeheizt)
Gas: Stufe 2–3 (vorgeheizt)
Backzeit: etwa 15 Minuten je Backblech.

5 Die Buletten mit dem Backpapier von den Backblechen auf Kuchenroste ziehen, Buletten erkalten lassen.

6 Für den Guss Konfitüre durch ein Sieb streichen, mit Butter in einem kleinen Topf unter Rühren etwa 2 Minuten köcheln lassen. Den heißen Guss in Klecksen auf den Buletten verteilen. Guss trocknen lassen.

Vanilletaler

etwa 160 Stück

Für den Knetteig:
250 g Weizenmehl
100 g Zucker
2 Pck. Dr. Oetker Bourbon-Vanille-Zucker
1 Prise Salz
1 Eigelb (Größe M)
175 g Butter oder Margarine

Zubereitungszeit: 45 Minuten, ohne Kühlzeit
Backzeit: 12–15 Minuten je Backblech

Insgesamt:
E: 32 g, F: 155 g, Kh: 300 g, kJ: 11358, kcal: 2712

***Haltbarkeit:** etwa 3 Wochen (ohne Füllung) in gut schließenden Dosen*

1 Für den Teig Mehl in eine Rührschüssel sieben. Zucker, Vanille-Zucker, Salz, Eigelb und Butter oder Margarine hinzufügen. Die Zutaten mit Handrührgerät mit Rührbesen zunächst kurz auf niedrigster, dann auf höchster Stufe gut durcharbeiten.

2 Anschließend auf einer bemehlten Arbeitsfläche zu einem glatten Teig verarbeiten, zu Rollen (Ø etwa 3 ½ cm) formen, einige Stunden oder über Nacht kalt stellen.

3 Die Teigrollen in etwa ½ cm dicke Scheiben schneiden und auf Backbleche (mit Backpapier belegt) legen. Die Backbleche nacheinander (bei Heißluft zusammen) in den Backofen schieben.

Ober-/Unterhitze: etwa 180 °C (vorgeheizt)
Heißluft: etwa 160 °C (vorgeheizt)
Gas: Stufe 2–3 (vorgeheizt)
Backzeit: 12–15 Minuten je Backblech.

4 Die Plätzchen mit dem Backpapier von den Backblechen auf Kuchenroste ziehen, Plätzchen erkalten lassen.

Abwandlung: ***Veilchentürmchen (Foto).***
Dafür 125 g Johannisbeergelee in einem kleinen Topf unter Rühren erhitzen. Je vier gebackene Plätzchen mit dem Gelee bestreichen, zu einem Türmchen übereinander setzen, ein fünftes Plätzchen darauf legen und andrücken. Die restlichen Plätzchen ebenfalls zu Türmchen zusammensetzen. Einen Guss aus 150 g gesiebtem Puderzucker und 4–5 Esslöffeln Orangenlikör zubereiten. Den Guss mit etwas roter und blauer Speisefarbe einfärben, so dass ein fliederfarbener Guss entsteht. Die Oberflächen der Türmchen mit dem Guss verzieren und mit kandierten Veilchen oder Zuckerblumen garnieren. Guss fest werden lassen.

Alphabetisches Register

A
Anis-Knusperchen 18

B
Braune Macadamiakekse 62
Buletten, süße 90
Butterbrote mit „Schnittlauch“ 88

C
Cashewkern-Taler 66
Crème-fraîche-Taler 40

D
Dicke Kirschtaler 28
Dinkel-Gewürz-Plätzchen 16

E
Erdnuss-Schnecken 56
Erdnussplätzchen 60
Erdnussplätzchen mit Zimt **(Abwandlung)** 60
Erdnusstaler 58

F
Falsche Sterne 72
Fruchtrollen, saftige 24
Frühstückskekse 82

G
Gefüllte Zitronentaler 32
Gemusterte Kekse 86
Ghanataler 47
Grieß-Krokant-Scheiben 64

H
Hagebuttenkekse 26
Haselnusstaler 68

K
Kandis-Kekse 75
Kekse am Band 84
Kekse, gemusterte 86
Kirschtaler, dicke 30
Kokostaler 55
Konfettitaler 80

M
Macadamiakekse, braune 62
Mandel-Gewürz-Plätzchen 11
Mandel-Zimt-Blätter 12
Merci-Pur-Knusperchen 50

O
Orangen-Whisky-Spalten 22
Orangentaler 21

P
Pfeffernüsse mit Guss 38

R
Rosentaler 76

S
Saftige Fruchtrollen 24
Sandgebäck, schottisches 42
Schoko-Ingwer-Ecken 14
Schoko-Minz-Knöpfe 52
Schokoladen-Lebkuchen 48
Schottisches Sandgebäck 42
Shortbread-Scheiben 35
Sterne, falsche 72
Stollenscheiben 78
Süße Buletten 90

V
Vanille-Butter-Plätzchen 36
Vanilleplätzchen 44
Vanilletaler 92
Veilchentürmchen **(Abwandlung)** 92

W
Walnussplätzchen 70

Z
Zitronentaler, gefüllte 32
Zitronetten 28

Themenregister

Gewürzkekse

Mandel-Gewürz-Plätzchen 11
Mandel-Zimt-Blätter 12
Schoko-Ingwer-Ecken 14
Dinkel-Gewürz-Plätzchen 16
Anis-Knusperchen 18

Kekse mit Frucht

Orangentaler 21
Orangen-Whisky-Spalten 22
Saftige Fruchtrollen 24
Hagebuttenkekse 26
Zitronetten 28
Dicke Kirschtaler 30
Gefüllte Zitronentaler 32

Klassiker

Shortbread-Scheiben 35
Vanille-Butter-Plätzchen 36
Pfeffernüsse mit Guss 38
Crème-fraîche-Taler 40
Schottisches Sandgebäck 42
Vanilleplätzchen 44

Kekse mit Kakao & Schokolade

Ghanataler 47
Schokoladen-Lebkuchen 48
Merci-Pur-Knusperchen 50
Schoko-Minz-Knöpfe 52

Kekse mit Nüssen & Mandeln

Kokostaler 55
Erdnuss-Schnecken 56
Erdnusstaler 58
Erdnussplätzchen 60
Erdnussplätzchen mit Zimt **(Abwandlung)** 60
Braune Macadamiakekse 62
Grieß-Krokant-Scheiben 64
Cashewkern-Taler 66
Haselnusstaler 68
Walnussplätzchen 70
Falsche Sterne 72

Spezialitäten

Kandis-Kekse 75
Rosentaler 76
Stollenscheiben 78
Konfettitaler 80
Frühstückskekse 82
Kekse am Band 84
Gemusterte Kekse 86
Butterbrote mit „Schnittlauch" 88
Süße Buletten 90
Vanilletaler 92
Veilchentürmchen **(Abwandlung)** 92

Umwelthinweis: Dieses Buch und der Einband wurden auf chlorfrei gebleichtem Papier gedruckt. Die Einschrumpffolie – zum Schutz vor Verschmutzung – ist aus umweltfreundlichem und recyclingfähigem PE-Material.

Wenn Sie Anregungen, Vorschläge oder Fragen zu unseren Büchern haben, rufen Sie uns unter folgender Nummer an 0521 155-2580 oder 5206-50 oder schreiben Sie uns: Dr. Oetker Verlag KG, Am Bach 11, 33602 Bielefeld oder besuchen Sie uns im Internet unter www.oetker.de.

Wir danken für die freundliche Unterstützung: August Storck, Berlin
Bahlsen, Hannover

Redaktion: Carola Reich, Annette Riesenberg

Titelfoto: Thomas Diercks, Hamburg
Innenfotos: Thomas Diercks, Kai Boxhammer, Hamburg (S. 4, 10, 13–19, 23–33, 34, 41, 43, 46, 49-53, 54, 57, 61–73, 74, 77-87, 91, 93)
Brigitte Wegner, Bielefeld (S. 37)
Ulrich Kopp, Sindelfingen (S. 39, 45, 59, 89)
Christiane Pries, Borgholzhausen (S. 21)

Rezeptentwicklung und -beratung: Anke Rabeler, Berlin
Mechthild Plogmaker, Dr. Oetker Versuchsküche, Bielefeld
Eike Upmeier-Lorenz, Hamburg

Nährwertberechnungen: Nutri Service, Hennef

Grafisches Konzept: kontur:design, Bielefeld
Gestaltung: kontur:design, Bielefeld
Titelgestaltung: kontur:design, Bielefeld

Reproduktionen: Fotolito Longo, Bozen/Italien
Satz: Typografika, Bielefeld
Druck und Bindung: MOHN Media • Mohndruck GmbH, Gütersloh

ISBN 3–7670–0754–1